Ha,

Richard Baggé y Pat Miersma

Sanar las heridas
del corazón
La iglesia puede ayudar

Edición internacional aumentada
2016

AMERICAN BIBLE SOCIETY

SANAR LAS HERIDAS DEL CORAZÓN

Primera publicación de *Healing the Wounds of Trauma* en inglés, 2004.

Este libro es escrito a propósito en lenguaje sencillo

ISBN 978-1-937628-35-2
ABS Item 124000

Edición y revisión por Juan G. Rojas Hernández
Diseñado por Peter Edman
Ilustraciones por Ian Dale

Para capacitación sobre cómo usar este libro y sobre el programa «Sanar las heridas del corazón», contacte a su Sociedad Bíblica local, visite TraumaHealingInstitute.org o escriba a traumahealing@americanbible.org.

 AMERICAN BIBLE SOCIETY
101 North Independence Mall East
Philadelphia PA 19106 USA

ÍNDICE

«El Señor está cerca,
para salvar a los que tienen el corazón hecho pedazos
y han perdido la esperanza».
Salmo 34:18 (DHH)

INTRODUCCIÓN

El objetivo de este libro

Hoy en día, un gran número de personas experimentan la guerra, el conflicto étnico, los disturbios civiles, el crimen, el abuso doméstico y los desastres naturales en muchas partes del mundo. Estas personas han recibido heridas en los corazones, y la iglesia tiene la responsabilidad de atender y cuidar a estos miembros que sufren (Hechos 20:28); y, de esta manera, ser la luz y la sal del mundo. El presente libro tiene como objetivo ayudar a los líderes de las iglesias y de las comunidades a servir a las personas que han pasado por experiencias de trauma. Cada lección presentará lo que enseñan la Biblia y los expertos en salud mental sobre cómo sanar las heridas del trauma.

En la Biblia, hay muchos pasajes que hablan del sufrimiento del pueblo de Dios. He aquí algunos ejemplos: Este es uno de los principales temas en muchas cartas del Nuevo Testamento; los salmistas expresaron, a través de salmos, lo que sentían en tiempos difíciles; y el libro de Job demuestra que hay personas inocentes que sufren. Estos textos bíblicos nos dan una idea clara sobre la naturaleza de Dios y de su cuidado por su pueblo; y de esta manera ayudan para que también nosotros sanemos las heridas del corazón.

Cómo surgió este libro

Cuando el corazón tiene profundas heridas de dolor, nos preguntamos: ¿Puede acaso Dios sanar?, ¿puede la Biblia? Esto se preguntaron los autores de este libro, al final de la década de los 90, al ver a muchas personas que sufrían las secuelas de la guerra. Ellos eran miembros del SIL (Instituto Lingüístico de Verano), quienes vivían en África y trabajaban al servicio de la traducción de la Biblia.

En aquel entonces, existía poco material para ayudar a los líderes de las iglesias a encontrar respuestas a estos interrogantes. Los autores encontraron un libro de Rhiannon Lloyd que sirvió de ayuda: *Healing the Wounds of Ethnic Conflict: the Role of the Church in Healing, Forgiveness and Reconciliation*. Inspirados por ese trabajo, los autores —con el debido permiso— se pusieron en la tarea de desarrollar un plan de estudios para ayudar a los líderes de las iglesias locales a responder a este desafío, el cual se pudiera enseñar y traducir con facilidad y que, además, los mismos líderes pudieran enseñar a otros.

En 2001, un grupo de profesionales en salud mental, acompañados de traductores bíblicos, consultores de la interacción bíblica y líderes de las iglesias de las zonas de guerra de África elaboraron las primeras lecciones. Estos materiales fueron puestos a prueba en zonas de guerra y, por primera vez en el 2004, fueron publicados en Nairobi a través de Publicaciones Paulinas. En 2011, ya el libro era usado en cuarenta y dos países de los cinco continentes; y había sido traducido, en su totalidad o en parte, a 157 idiomas.

Como la demanda tanto de materiales como de formación aumentó, el SIL vio la necesidad de una estructura que permitiera una respuesta más adecuada a dicha demanda. Al mismo tiempo aumentó el interés de *American Bible Society* por el tratamiento del trauma y, en 2010, aceptó convertirse en agente de los autores, designando a la Dra. Harriet Hill como directora del programa «Sanar las heridas del corazón», y estableciendo un comité de profesionales para asegurar que el ministerio se beneficiara de las últimas prácticas en materia de salud mental. El Instituto Nida de Estudios Bíblicos de *American Bible Society* revisó el contenido bíblico del libro para asegurarse de que su uso era apropiado. En 2012, *American Bible Society* convocó por primera vez a una «Comunidad de práctica» (grupo de personas que desarrollan un conocimiento especializado basado en la reflexión sobre sus experiencias) para reunir a las organizaciones que trabajaban en el área del tratamiento del trauma. Este grupo reiteró los principios fundamentales que ha tenido el programa desde sus inicios:

• El programa está basado en la Biblia y en las directivas de expertos en salud mental.

• Ha sido contextualizado a las situaciones locales.

- Se ha puesto a prueba en la práctica y revisado frecuentemente.
- Se ha desarrollado a través personas de la comunidad que han sido capacitadas.
- Está basado en la experiencia grupal (no en la individual).
- Se utiliza la «educación participativa», porque la participación ayuda a aprender más y a sanar con más facilidad del trauma.
- Se ha estructurado de tal manera que las iglesias y comunidades locales puedan continuar el programa por sí mismos.
- Se ha desarrollado en colaboración mancomunada con otras organizaciones.

En 2012, *American Bible Society* estableció el Instituto *Trauma Healing* para apoyar y desarrollar el programa: «Sanar las heridas del corazón». En un trabajo conjunto con las Sociedades Bíblicas Unidas y otros socios en todo el mundo, el instituto capacita y certifica facilitadores para atender a las personas que tienen heridas de trauma en sus corazones.

La traducción al español

La primera traducción al español se realizó en el 2008, y, desde entonces, se ha asumido el reto de educar en español sobre los efectos del trauma y su tratamiento. Se debe tener en cuenta dos consideraciones. La primera es la lengua misma. El español es muy esquivo para enfrentar esos problemas tan crudos de los que trata el programa. El lenguaje mismo prefiere usar otras palabras, evadir el lenguaje directo y usar eufemismos; tal vez porque la cultura hispana tiene como un tabú el tema de la salud mental. Es nuestro deseo que este libro sea un paso en el camino hacia una cultura que trate, con especial cuidado y sin tapujos, las heridas del corazón. En segundo lugar, el carácter interconfesional o ecuménico del programa. Las heridas del corazón no hacen distinción de religión, como Dios no hace distinción de personas para sanarlas. Venimos a Jesús todos: Protestantes, católicos y de otras tradiciones para buscar su poder sanador. Conscientes de esta inclusión, se ha buscado balance y neutralidad en el vocabulario y las historias. Muchas personas han sido pioneras en este camino. Especial mención de agradecimiento a Laura Burgueño y Dora Burgueño; a Miguel A. Mesías y Elizabeth Mesías Bynog; a Edna Headland, Dan Amaro, Taynna Cabrera, Emma Esparza y Loida Órtiz Hernández.

Cómo utilizar este libro

Este libro está diseñado para usarse solo en el contexto del programa «Sanar las heridas del corazón» y por facilitadores certificados. Contacte a la Sociedad Bíblica de su país o escriba a traumahealing@americanbible.org para recibir información sobre capacitaciones en su región.

El programa inicia con una sesión de información de los líderes de las iglesias y comunidades a través de la cual aprenden sobre la importancia de sanar las heridas del trauma y sobre la estructura del programa. Una vez los líderes decidan integrar el programa en sus iglesias u organizaciones, se establece una sesión de capacitación inicial en la que los candidatos aprenden cómo usar este libro.

Después de la sesión de capacitación inicial, los participantes van a sus comunidades y ponen en práctica lo aprendido en los grupo para sanar. Después de unos meses, los participantes regresan a una sesión de capacitación avanzada donde comparten: su experiencia en los grupos para sanar, las lecciones aprendidas y los retos encontrados. También, se practican las habilidades para enseñar y para escuchar, y se hacen planes y estrategias para establecer el programa en cada región específica. Al final del taller, los participantes estarán capacitados para ayudar a las personas que sufren en sus comunidades.

Recursos relacionados con el programa

Hay otros recursos disponibles que ayudan al desarrollo del programa:

- *Manual del facilitador*: Este manual ayuda a facilitadores a dirigir el ministerio «Sanar las heridas del corazón».

- *Sanar las heridas del corazón, libro de Recursos bíblicos*: Este folleto proporciona los principios fundamentales de cada lección junto con los pasajes de la Palabra. De manera especial, es útil para aquellos que sufren de traumas pero no tienen una Biblia o tienen dificultad buscando pasajes en ella.

• *Sanar las heridas del corazón, con base en historias*: Orientado a contadores de historias. Los facilitadores cuentan historias bíblicas y otras historias similares a las que se encuentran al principio de cada lección; y luego dirigen una discusión para ayudar a las personas a descubrir su significado.

• *Sanar las heridas del corazón, audio*: Estas son grabaciones de narraciones y discusiones sobre el programa para ser escuchadas y discutidas en grupos.

• *Club sanar corazones*™: Esta es una adaptación del programa para niños de entre ocho a trece años que han sufrido heridas en su corazón.

Se puede encontrar material impreso o ediciones digitales de estos recursos, además de información sobre capacitación, certificación, comunidad de práctica y mucho más en nuestro sitio web: TraumaHealingInstitute.org

---

ESTE PRODUCTO NO ESTÁ DESTINADO PARA DIAGNOSTICAR, TRATAR O CURAR NINGUNA ENFERMEDAD. EL USO DEL MISMO INDICA QUE EL DESTINATARIO ENTIENDE ESTO.

Lección 1

SI DIOS NOS AMA, POR QUÉ SUFRIMOS

1. La historia del Pastor Luis

En la República de Santiago del Sur había un pastor llamado Luis. Cuando Luis tenía tres años su padre murió, y tuvo que irse a vivir con un tío, quien lo trataba con crueldad, lo golpeaba y no le daba suficiente comida. Luis creció y, con la ayuda de otro pariente, pudo asistir a la escuela. Luego se hizo cristiano, y aprendió que Jesús había muerto por él. Con el tiempo tuvo la oportunidad de asistir al Instituto Bíblico, y llegó a ser pastor de una iglesia en un pequeño pueblo.

Dos años después, los narcotraficantes llegaron a Santiago del Sur y, por tres años, Luis presenció cosas terribles: Los narcotraficantes mataban a inocentes, violaban a las mujeres e incendiaban las casas. Tiempo después, la paz volvió, aunque de vez en cuando había algún incidente.

Hoy por hoy, Luis sigue trabajando como pastor, aunque no se siente feliz. Continúa preguntándose por qué Dios ha permitido el sufrimiento de su pueblo. Está enojado con él porque piensa que los ha abandonado. Su imagen de Dios Padre está afectada por los malos recuerdos de su propio papá. A veces piensa que, tal vez, Dios no es lo suficientemente poderoso como para haber evitado lo sucedido; y otras tantas que, tal vez, semejante desgracia se debió a un castigo divino por los pecados de los santiagueños. El pastor Luis se siente un hipócrita porque predica sobre el amor y la bondad de Dios, cuando en realidad cree que el Señor está muy distante.

✪ DIÁLOGO EN PEQUEÑOS GRUPOS

1. ¿Qué siente en su corazón el pastor Luis sobre Dios?

2. ¿Por qué cree usted que Luis se siente así?

3. ¿Alguna vez se ha sentido usted como el pastor Luis?

2. Al sufrir, ¿qué necesitamos recordar en cuanto al carácter de Dios?

Cuando sufrimos, tratamos de encontrarle sentido a nuestra experiencia. Lo que aprendemos en la Biblia acerca de Dios puede ser diferente de lo que enseña nuestra cultura. Lo que enseña la cultura puede venir a nuestra mente y hacernos dudar del amor de Dios.

✪ **DIÁLOGO EN PEQUEÑOS GRUPOS**

¿Qué dicen las tradiciones culturales sobre Dios, especialmente cuando sufrimos?

Con todo el grupo, apunte las respuestas en el pizarrón.

✪ **DIÁLOGO EN PEQUEÑOS GRUPOS**

Cada grupo pequeño debe estudiar uno de los siguientes pasajes bíblicos, y conversar sobre las siguientes preguntas:

Romanos 8:35–39	2 Pedro 3:9
Salmos 34:18	Génesis 6:5–6
Mateo 9:35–36	1 Juan 4:9–10

1. ¿Qué nos enseñan estos versículos en cuanto al carácter de Dios y su relación con nosotros?

2. ¿En qué se parece —o se diferencia— esto de la idea tradicional que tenemos acerca de Dios?

Con todo el grupo, lea cada uno de los siguientes pasajes en voz alta y compare lo que dicen acerca de Dios con lo que dicen nuestras culturas.

A. Romanos 8:35–39

¿Quién podrá separarnos del amor de Jesucristo? Nada ni nadie. Ni los problemas, ni los sufrimientos, ni las dificultades. Tampoco podrán hacerlo el hambre ni el frío, ni los peligros ni la muerte. Como dice la Biblia: «Por causa tuya nos matan; ¡por ti nos tratan siempre como a ovejas para el matadero!»

En medio de todos nuestros problemas, estamos seguros de que Jesucristo, quien nos amó, nos dará la victoria total. Yo estoy seguro de que nada podrá separarnos del amor de Dios: ni la vida ni la muerte, ni los ángeles ni los espíritus, ni lo presente ni lo futuro, ni los poderes del cielo ni los del infierno, ni nada de lo creado por Dios. ¡Nada, absolutamente nada, podrá separarnos del amor que Dios nos ha mostrado por medio de nuestro Señor Jesucristo!

A veces, cuando surgen los problemas pensamos que Dios ya no nos ama. Eso no es cierto. Nada puede separarnos de su amor. Dios promete estar siempre con nosotros, incluso cuando sufrimos (Salmo 23:4–5; Hebreos 13:5b–6; Isaías 43:1–2).

DIOS SIGUE AMÁNDONOS

B. 2 Pedro 3:9

No es que Dios sea lento para cumplir su promesa, como algunos piensan. Lo que pasa es que Dios tiene paciencia con ustedes, porque él no quiere que nadie muera, sino que todos vuelvan a obedecerle.

Cuando oramos pidiendo que Dios detenga algo malo que está sucediendo y el mal continúa, no debemos pensar que Dios es débil. Él tiene el control y escucha nuestras oraciones. Pero se demora en actuar porque quiere dar tiempo a todos para que se arrepientan. En el día apropiado, él juzgará el pecado con su poder (Salmo 73:25–28; Romanos 9:22–24).

DIOS ES TODOPODEROSO

C. Salmo 34.18

El Señor está cerca, para salvar a los que tienen el corazón hecho pedazos y han perdido la esperanza. (DHH)

Jesús entiende nuestro sufrimiento porque él sufrió en la cruz. Su sufrimiento fue mucho mayor del que nosotros jamás pudiéramos sufrir (Mateo 27:46; Hebreos 12:2–3). Él sufre con los que sufren (Mateo 25:35–36). Él es misericordioso y está lleno de gracia, incluso cuando tenemos dudas (Isaías 63:9; Isaías 53:3–4; Hebreos 2:18).

DIOS SUFRE CON NOSOTROS Y SIENTE NUESTRO DOLOR

D. Génesis 6:5–6

En este mundo, la maldad de hombres y mujeres iba en aumento. Siempre estaban pensando en hacer lo malo, y solo lo malo. Cuando Dios vio tanta maldad en ellos, se puso muy triste de haberlos hecho, y lamentó haberlos puesto en la tierra.

No todo lo que sucede es la voluntad de Dios. Él detesta el mal y la injusticia (Proverbios 6:16–19; Romanos 1:18).

DIOS DETESTA EL MAL Y LA INJUSTICIA

E. Mateo 9:35–36

Jesús recorría todos los pueblos y las ciudades. Enseñaba en las sinagogas, anunciaba las buenas noticias del reino de Dios, y sanaba a la gente que sufría de dolores y de enfermedades. Y al ver la gran cantidad de gente que lo seguía, Jesús sintió mucha compasión, porque vio que era gente confundida, que no tenía quien la defendiera. ¡Parecían un rebaño de ovejas sin pastor!

Jesús fue a buscar a las personas que sufrían. Predicó la buena nueva y sanó a la gente de todas sus enfermedades. Sintió compasión por ellos.

JESÚS NOS BUSCA CUANDO ESTAMOS SUFRIENDO Y TIENE COMPASIÓN DE NOSOTROS

F. 1 Juan 4:9–10

Dios nos dio muestras de su amor al enviar al mundo a Jesús, su único Hijo, para que por medio de él todos nosotros tengamos vida eterna. El verdadero amor no consiste en que nosotros hayamos amado a Dios, sino en que él nos amó y envió a su Hijo, para que nosotros fuéramos perdonados por medio de su sacrificio.

Dios nos amó tanto que envió a su Hijo a este mundo para darnos vida y ofrecernos el perdón de nuestros pecados.

DIOS NOS AMÓ TANTO QUE SACRIFICÓ A SU HIJO POR NOSOTROS

3. ¿Cuál es el origen del sufrimiento en el mundo?

✦ DIÁLOGO EN PEQUEÑOS GRUPOS

¿Qué dicen las Escrituras acerca del origen del sufrimiento en el mundo?

La Biblia dice:

**A. Satanás se rebeló contra Dios, y busca
que otros también se rebelen**

Satanás se rebeló contra Dios, y quiere hacer que muchas personas también se rebelen contra Dios (Lucas 22:31; 1 Pedro 5:8–9). Él es un mentiroso y homicida (Juan 8:44). Los que le obedecen a él mienten, matan y destruyen.

B. Adán y Eva eligieron desobedecer a Dios

Dios creó a todo ser humano con la libertad de elegir entre el bien o el mal. Adán y Eva son los antepasados de todas las personas. Cuando ellos desobedecieron a Dios, el mal y la muerte entraron en el mundo (Génesis 3:1–24). Todo individuo y toda la creación sufre los efectos de la desobediencia de Adán y Eva (Romanos 5:12; 8:20–22). Podemos ver estos efectos en los desastres naturales, las malas decisiones de las personas y las enfermedades, entre otras cosas.

C. Dios nos da la libertad para elegir si le obedecemos o no

Todos tenemos la libertad de elegir entre el bien y el mal. A él le duele cuando escogemos hacer cosas malas, pero no nos impide que tomemos nuestras propias decisiones (Mateo 23:37b; Romanos 3:10–18).

A veces, aunque obedecemos a Dios sufrimos debido a las malas decisiones de otras personas (1 Pedro 2:20–22; 3:14–17).

4. ¿Cómo usa Dios el sufrimiento?

✦ DIÁLOGO EN PEQUEÑOS GRUPOS

1. ¿Cómo ha usado Dios el sufrimiento en su vida?
2. Piense en un pasaje de las Escrituras que explique la manera en que Dios ha usado el sufrimiento en su vida.

Obtenga las opiniones de todo el grupo y añada lo que no se haya dicho de los puntos enumerados a continuación.

A. Dios usa el sufrimiento para purificar nuestra fe

Cuando el oro se calienta sobre una llama muy fuerte, las partículas de suciedad que tenía suben a la superficie. Entonces se pueden cernir, dejando el oro puro y limpio. El sufrimiento es como el fuego: es doloroso, pero purifica nuestra fe en Dios (1 Pedro 1:6–7; Santiago 1:2–4). Nos hace anhelar el reino de Dios (Romanos 8:18; 2 Corintios 4:16–18; Romanos 5:3–5; 1 Pedro 3:14–17).

El amor de Dios es más fuerte que cualquier sufrimiento. En las situaciones terribles, cuando lo hemos perdido todo, podemos experimentar que la gracia de Dios es todo lo que necesitamos (2 Corintios 12:9–10).

B. Dios convierte el mal en bien

Los hermanos de José lo vendieron como esclavo, pero Dios usó esa experiencia para librar a los israelitas de la hambruna (Génesis 50:18–20).

Dios convirtió el mal más grande que jamás se ha hecho, la crucifixión de Jesús, en el bien más grande para todos nosotros (Hechos 3:13–15; Filipenses 2:8–11). Dios obra de maneras que no siempre entendemos, pero debemos confiar siempre en él (Romanos 8:28; 11:33–36). Al final, Satanás será derrotado del todo (Apocalipsis 20:10).

C. Dios nos consuela en nuestro sufrimiento para que nosotros podamos consolar a otros

Dios nos consuela cuando sufrimos, nos sostiene en sus brazos (Isaías 40:11). Él nos consuela con su Palabra (Salmo 119:50, 92) para que nosotros podamos compartir ese consuelo con otros que sufren (2 Corintios 1:3–5).

5. ¿Por qué es difícil creer en la bondad de Dios cuando sufrimos?

Además de las creencias culturales, hay otros elementos que pueden hacer difícil tener fe en la bondad de Dios cuando sufrimos.

A. Algunas enseñanzas hacen difícil creer en la bondad de Dios

i. Cuando únicamente escuchamos de la ira y el castigo de Dios

A veces oímos hablar mucho sobre cómo Dios nos castiga cuando pecamos, pero casi nunca oímos hablar de cuánto nos ama. Es cierto que Dios es todopoderoso, pero también debemos recordar su gran amor por nosotros (Jeremías 31:3; Lamentaciones 3:22–23; 1 Juan 4:9–10).

ii. Cuando dicen que sufrimos porque no hemos hecho lo suficiente para agradar a Dios

Puede que nos digan que estamos sufriendo porque no hemos sido lo suficientemente buenos como para agradar a Dios. Debemos recordar que el amor de Dios no se basa en nuestra conducta. Nos amó antes de que acudiéramos a él (Romanos 5:8; Tito 3:5; 1 Juan 4:19); y continúa amándonos por su gracia, no por lo que hacemos (Romanos 3:23–24; Efesios 2:8–9).

iii. Cuando se nos ha enseñado que Dios promete prosperidad para todo el que cree

Si se nos ha enseñado que obedeciendo a Dios siempre seremos ricos y estaremos sanos, podemos sentirnos culpables cuando sufrimos. Podemos deducir que nuestro sufrimiento se debe a nuestra falta de obediencia y fe. El apóstol Pablo es un buen ejemplo de alguien que sufrió mucho aunque siempre fue obediente a Dios (2 Corintios 1:8–10).

B. Es difícil recordar la bondad de Dios cuando no hacemos las cosas que nos ayudan a que nuestra fe se fortalezca

Conforme seguimos a Jesús y estudiamos la Biblia, aprendemos la verdad de Dios, que nos libera de las mentiras de Satanás (Juan 8:31–32; 2 Timoteo 3:14–17). Los creyentes necesitan reunirse para aprender, orar y compartir (Hechos 2:42; Filipenses 4:6–7; Hebreos 10:24–25). Si no hacemos esto, en tiempo de dificultad será más difícil creer en la bondad de Dios.

C. Es difícil recordar la bondad de Dios cuando la iglesia no habla contra el mal y la injusticia

Dios puso a la iglesia en el mundo para enfrentar la injusticia y ayudar a los necesitados (Lucas 4:18–19; Mateo 24:31–46). Cuando la iglesia no hace su trabajo, el mal aumenta y es difícil creer que Dios de verdad es bueno, como dice la Biblia.

D. Las experiencias de la niñez dificultan a veces creer en la bondad de Dios

Los niños necesitan sentirse seguros y protegidos del mal. Si en la niñez sufren situaciones espinosas, les será mucho más difícil confiar en otros o en Dios cuando sean mayores. Por ejemplo, si nos criamos sin papá o sin mamá, o si nuestro papá a menudo estaba enojado con nosotros, esto puede hacer difícil creer que nuestro Padre celestial nos ama. La Biblia enseña que Dios es un padre que ama (Mateo 6:9–13; Juan 17:24; Romanos 8:14–17).

 DIÁLOGO EN PAREJAS

Piense en su propio papá. Cuando era niño, ¿sintió el cariño de él? ¿Cómo afecta la experiencia que tuvo con su papa en la relación que tiene con su Padre celestial?

ACTIVIDAD: EXPERIMENTE EL AMOR DE DIOS

---

1. Cierre los ojos. Ahora, imagínese que es un niño y que Dios es su padre amoroso. Mientras él lo mira, sienta cómo en sus ojos se refleja su amor. Escuche estos pasajes bíblicos mientras alguien los lee en voz alta y despacio:

Lamentaciones 3:21–23	1 Juan 3:1–2
Salmo 103:13–14	1 Juan 4:9–10
Romanos 8:14–16	1 Pedro 5:7

2. Examine su corazón. ¿Tiene alguna duda de que Dios lo ama? Si es así, dígaselo a él.

3. Entonen en grupo algunos cantos que hablen del amor de Dios por nosotros.

Lección 2

CÓMO SE PUEDEN SANAR LAS HERIDAS DEL CORAZÓN

1. La historia de Juan Pérez

Juan Pérez y su esposa María vivían en un pequeño pueblo de Santiago del Sur. Él era maestro y ella cuidaba de la casa y de sus tres hijos que tenían tres, seis y quince años. Toda la familia asistía a la iglesia y participaba de las actividades. Parecían una familia feliz y unida; pero cuando el gobierno no tuvo fondos para pagar los sueldos, Juan perdió su trabajo. Con el tiempo Juan ya no podía pagar el colegio de sus hijos y María se vio en la obligación de lavar ropa para sostener a la familia. Juan se sentía inútil y avergonzado frente a los hermanos y decidió refugiarse en el alcohol. Muchas veces llegaba a la casa borracho y golpeaba a María con fuerza.

Un día el sacerdote recibió una llamada del hospital para que fuera a recoger a María y a sus tres hijos. María, bañada en lágrimas, le contó al sacerdote cómo su esposo había ido la noche anterior con unos amigos a ver fútbol y luego había llegado borracho. «¡Pero, ¿qué estás haciendo? Juan!», le reclamó ella pensando en los niños, pero él enfurecido comenzó a golpearla brutalmente. El hijo mayor trató de defenderla, pero el padre lo empujó con violencia contra la pared, el muchacho cayó al suelo y se rompió un brazo. Los vecinos llamaron a la policía, y estos se llevaron el esposo a la cárcel; y el resto de la familia, al hospital.

Después de los eventos, María sentía mucha vergüenza y le pidió al sacerdote que no dijera nada a nadie. Ella no quería que la gente supiera que Juan bebía mucho, y menos que la golpeaba. La tristeza creció con el tiempo en el corazón de María, las lágrimas rodaban sin aparente motivo y poco a poco se alejó de todos. La amargura era tanta que empezó a golpear a sus hijos y a gritarles. En la noche no lograba dormir y, cuando lo hacía, pesadillas ahogaban sus sueños.

El hijo mayor empezó a tener dolores de estómago y de cabeza, perdió el interés en la escuela y se reunía en secreto con sus amigos para beber alcohol. El sacerdote le decía a la familia que no debían sentirse tristes ni amargados, que se perdonaran los unos a los otros y olvidaran las ofensas. Pero María se sentía avergonzada de sus sentimientos y su depresión crecía día a día.

⚙ DIÁLOGO EN PEQUEÑOS GRUPOS

1. Además de la herida física del hijo, ¿qué heridas llevan Juan, María y su hijo?
2. En su región, ¿cuáles son las heridas que las personas han sufrido en sus corazones?
3. ¿Qué le enseña su cultura que debe hacer con sus emociones cuando sufre interiormente?

2. ¿Qué es una herida del corazón?

Nuestros corazones pueden estar heridos cuando nos sentimos abrumados por el miedo intenso, la impotencia o el horror (Salmo 109:22). A esto es a lo que llamamos trauma. Puede pasar al enfrentar la muerte, una herida grave, una violación u otra clase de abuso sexual. Nuestros corazones también pueden herirse al escuchar la mala experiencia de otra persona, mucho más si esa persona es un familiar cercano o amigo.

A. Una herida del corazón es como una herida física

⚙ DIÁLOGO EN PEQUEÑOS GRUPOS

1. Piense en una pierna llagada, ¿cómo se sana?, ¿qué le ayuda a sanar?
2. ¿En qué se parece una herida del corazón a una herida física?

Si es posible, escriba de antemano la columna izquierda de la siguiente gráfica en un pizarrón. Después, en grupo, discutan las formas en que una herida del corazón es similar a una herida física, y escríbalas en la columna de la derecha.

Herida física	Herida del corazón
Es visible.	Es invisible, pero se muestra en la conducta de las personas.
Es dolorosa, y hay que tratarla con cuidado.	Es dolorosa, y hay que tratarla con cuidado.
Si se ignora, lo más probable es que empeore.	Si se ignora, lo más probable es que empeore.
Hay que limpiarla para quitarle todo objeto extraño o suciedad.	El dolor tiene que salir y el pecado debe ser confesado.
Si la herida sana en la superficie y tiene infección todavía dentro, hará que la persona se enferme mucho más.	Si la persona pretende que sus heridas emocionales han sanado cuando en realidad no lo han hecho, eso le causará problemas más graves.
Solo Dios puede sanar, pero a menudo usa a personas y la medicina para hacerlo.	Solo Dios puede sanar, pero a menudo usa a personas y nuestro entendimiento de cómo las heridas sanan para hacerlo.
Si no se la atiende, atrae moscas.	Si no se atiende, atrae cosas malas.
Lleva tiempo para sanar.	Lleva tiempo para sanar.
Después de sanar deja una cicatriz.	Una herida del corazón que sana también deja una cicatriz. Las personas pueden sanar, pero no serán las mismas que eran antes de recibir la herida.

B. ¿Cómo se comportan los individuos con el corazón herido?

Proverbios 4:23 nos dice: «*Sobre toda cosa guardada, guarda tu corazón; Porque de él mana la vida*» (RVR60). Lo que sucede con el corazón afecta cómo vivimos. Las personas con heridas en el corazón pueden comportarse de la siguiente manera:

Reviven la experiencia. Muchas personas con heridas en el corazón suelen pensar en lo sucedido todo el tiempo. Incluso, parecen regresar al momento mismo del hecho y parecen volver a vivirlo. Esto puede suceder cuando están despiertas o a través de pesadillas nocturnas. Al pensar en el suceso todo el tiempo, se les dificulta concentrarse en una tarea en particular. Por ejemplo, a los estudiantes se les dificulta estudiar. Algunas personas deciden hablar con todo el mundo de lo que ha pasado una y otra vez.

Evitan los pensamientos o sentimientos asociados con el trauma. Suelen evitar todo aquello que les haga recordar los eventos traumáticos que han experimentado. Por ejemplo, los individuos que, en una guerra, han sufrido de un bombardeo aéreo sienten mucho miedo cuando oyen el ruido de un avión, y es muy probable que no quieran ir a ningún aeropuerto. Las personas que han sido lastimadas por cristianos (ya sean protestantes o católicos) podrían negarse a asistir a la iglesia.

Algunos individuos tratan de apaciguar el dolor con drogas o licor, otros comen con exageración o trabajan demasiado. Algunas personas con corazones heridos quizá no recuerden nada o solo una parte de lo sucedido. También se pueden negar por completo a hablar de ello.

Asimismo, se pueden sentir como adormecidas. No les importa demasiado lo que pueda sucederles. No se perturban por la violencia ni al ver cadáveres. Lloran con facilidad y parecen no tener energía.

Siempre están asustadas. Las personas con corazones heridos están siempre tensas. Todo ruido hace que se sobresalten. Siempre están asustadas, y a la espera de que les sucedan cosas malas en cualquier momento. A veces reaccionan desproporcionadamente con violencia o ira. Pueden estar tan nerviosas que no logran dormir, o con frecuencia se despiertan muy temprano. A veces tiemblan o se alteran los latidos de su corazón. A veces presentan dolores de cabeza o de estómago. Otras, tienen dificultad para respirar, sienten mareos o se desmayan (Salmo 55:4-5). Todas estas reacciones son normales en las personas que tienen heridas del corazón. Dichas reacciones pueden suceder de inmediato, luego de un tiempo o mucho después del hecho.

⚙ **DIÁLOGO EN PEQUEÑOS GRUPOS**

¿Puede pensar en algunas personas que tienen heridas del corazón? ¿Actúan de esta manera? Dé algunos ejemplos.

C. ¿Qué hace que una herida del corazón sea más grave?

Algunas situaciones son más difíciles que otras, por ejemplo:

- Algo muy personal, como la muerte de un pariente, o la traición de un amigo íntimo.
- Algo que sucede por largo tiempo.
- Algo que ocurre muchas veces en un periodo de tiempo.
- Algo conectado con la muerte.
- Algo que alguien ha hecho con la intención de causar dolor, más que algo accidental.

Las personas reaccionan de manera diferente al evento traumático. Dos personas pueden pasar por la misma experiencia de dolor, pero una puede tener heridas graves del corazón mientras que la otra no. Una persona tiende a reaccionar más negativamente frente al trauma cuando:

- Siempre quiere que otro le diga qué hacer.
- Tiene una enfermedad mental o problemas emocionales.
- Por naturaleza es sensible o siempre está triste.
- Le han sucedido muchas cosas malas en el pasado, en particular cuando era niño, como por ejemplo, la muerte de sus padres.
- Ya había tenido muchos problemas antes del evento de trauma.
- Alguien que no tuvo el respaldo de amigos o parientes durante o después del suceso.

3. ¿Qué nos enseña la Biblia en cuanto a manejar los sentimientos?

Algunos creyentes, que tienen problemas como estos, dicen que no se debe pensar o hablar de los sentimientos; que no se debe acudir a otros en busca de ayuda; y que, simplemente, uno debe olvidarse del pasado y seguir adelante. Ellos piensan que sentir dolor en el corazón significa que estamos dudando de las promesas de Dios. ¡Esto no es verdad!

⚙ **DIÁLOGO EN PEQUEÑOS GRUPOS**

¿Qué nos enseñan estos versículos sobre el manejo de las emociones?

Mateo 26:37-38 (Jesús)	Juan 11:33-35 (Jesús)
Mateo 26:75 (Pedro)	Jonás 4:1-3 (Jonás)
1 Samuel 1:10, 13-16 (Ana)	Salmo 55:4-6 (David)

Jesús tuvo sentimientos fuertes y los compartió con sus discípulos. Pablo nos enseña a hablar de nuestros problemas como una manera de cuidarnos unos a otros (Gálatas 6:2; Filipenses 2:4). El Antiguo Testamento está lleno de ejemplos de personas que le abrieron su corazón a Dios, como por ejemplo Ana, David, Salomón y Jeremías. El salmista le dice a Dios: «*Estoy muy pobre y afligido, tengo herido el corazón*» (Salmo 109:22). Dios quiere que seamos sinceros y digamos la verdad de corazón.

4. ¿Cómo podemos ayudar a alguien a sanar las heridas del corazón?

 ACTIVIDAD

Presente una dramatización para representar a una persona que escucha bien y a otra que no. Dialoguen sobre lo que han observado.

Los seres humanos desahogan el dolor de su corazón hablando sobre él. Por lo general, necesitan dialogar con otros antes de estar listos para hacerlo con Dios. Tal vez sientan la necesidad de contar la historia muchas veces. Si logran conversar de sus malas experiencias, luego de un tiempo, sus reacciones serán cada vez menos intensas. Pero si no hablan de su dolor y no hay nadie que los ayude, estas reacciones pueden continuar por meses e incluso años.

Este conversar sobre el dolor puede ser con una persona o en pequeños grupos de máximo diez o doce individuos, de modo que cada uno tenga la oportunidad de hablar. El grupo puede estar compuesto de parejas matrimoniales, una familia o personas que han atravesado juntos un evento doloroso. Si algunos no quieren hablar de sus problemas, están invitados a escuchar; y quizá con el tiempo se sientan motivados a abrir su corazón.

Es importante buscar un lugar seguro y tranquilo, para que las personas puedan hablar con libertad. Se debe tener cuidado con niños y bebés, de modo que los padres puedan hablar sin ser distraídos por sus hijos. Es posible que el grupo deba reunirse más de una vez.

A. ¿Cuál es el objetivo de permitir que las personas hablen de su dolor?

Al darles la oportunidad de hablar de su dolor, ellas pueden:

- Obtener una comprensión sincera de lo sucedido y de cómo les afectó.
- Aceptar lo sucedido.
- Ser capaces de confiar en Dios, descansar en él y permitir que las sane (Salmos 62:8; 103:3).

B. ¿Cómo es la persona que sabe escuchar?

⚙ DIÁLOGO EN PEQUEÑOS GRUPOS

¿Con qué clase de individuos se sentiría usted en libertad de hablar sobre un dolor profundo?

Para que uno se sienta libre de compartir las heridas del corazón, necesita saber que la persona:

- Muestra interés.
- Guardará con discreción las confidencias (Proverbios 11:13; 20:19).

- No criticará ni tratará de dar soluciones a la ligera (Proverbios 18:13).
- Escuchará y entenderá el dolor (Proverbios 20:5).
- No tratará de minimizar el dolor al compararlo con el suyo propio.

Los líderes de las iglesias pueden identificar a personas sabias y atentas, y capacitarlas para este ministerio. Hay que permitir que la persona herida escoja a alguien que le inspire confianza para hablar.

C. ¿Cómo podemos escuchar?

El que escucha debe permitir que el que hable lo haga a su manera. Puede llevar varias reuniones antes de que se converse sobre toda la historia.

Las siguientes preguntas ayudarán al oyente a guiar a la persona para que cuente su experiencia:

1. ¿Qué sucedió?
2. ¿Cómo se sintió?
3. ¿Qué fue lo más difícil para usted?

Mediante respuestas apropiadas, demuestre que está escuchando a la otra persona. Esto puede hacerse manteniendo la mirada fija en ella. Con palabras que expresen afirmación, como «ajá». Sin mirar por la ventana, ni al reloj. Ni demostrando impaciencia para que terminen de hablar. Al escuchar, es importante ser sensible a cuestiones culturales; por ejemplo, el contacto con la mirada puede que sea apropiado o inapropiado tanto al escuchar como al hablar.

De vez en cuando repita lo que ha escuchado, esto le dará a la persona la oportunidad de corregir, reiterar o afirmar lo que usted entendió.

Si la persona se conmueve demasiado al hablar de su experiencia, continuar haciéndolo no ayudará. Permítale tomar un descanso, pensar en otras cosas y calmarse. Puede reanudar su historia cuando sienta que está lista para continuar.

Si la persona recuerda sus sueños, anímele a que cuente lo que crea que significan. Esto puede evidenciar que su ser interior está procesando el evento mientras duerme. También puede ser que Dios le está hablando a ella en su dolor (Job 33:13–18). El significado de los sueños puede ser simbólico y por tanto necesita ser interpretado (Génesis 37:5–8). Lo que sucede en los sueños no debe tomarse como si ocurriera en la vida real. En oración, le debemos entregar al Señor las pesadillas (Daniel 2:20–22).

Cuando la persona esté preparada, oren juntos. A la larga, tiene que llevarle al Señor su dolor por sí misma, pero quizá necesite tiempo antes de estar lista para hacerlo.

D. Casos graves

Aquellos que están muy heridos tal vez necesiten más ayuda de la que usted puede brindarles al escuchar su dolor. Para evaluar la gravedad de la herida, considere:

- Cuántos problemas tienen por la manera en que se comportan (véase la sección 2B).
- Cuán frecuentes son los problemas.
- Cuán intensos son los problemas.
- Cuántos meses duran los problemas.

- Si los problemas les impide cuidarse bien a sí mismos, o a sus familias.

Los que tienen heridas graves necesitan ayuda profesional. Si no se dispone de un psicólogo o psiquiatra, un médico o enfermera puede darles alguna medicina para que se calmen y puedan dormir.

EJERCICIO DE ESCUCHA

Divida a los participantes en parejas. Por turnos, cada uno cuenta algo malo que le ha sucedido, es mejor un evento no tan grande sino pequeño, mientras la otra persona escucha. Este debe preocuparse por escuchar con atención y demostrar que ha entendido, y que comparten el dolor del que habla. Debe usar las preguntas sugeridas en la sección 4C: ¿Qué sucedió? ¿Cómo se sintió? ¿Qué fue lo más difícil para usted? Luego de diez minutos, se invierten los roles.

Con todo el grupo, converse sobre lo siguiente:

- ¿Cómo se sintió durante este ejercicio?
- ¿Qué fue lo más difícil?
- ¿Sintió usted que lo estaban escuchando? ¿Por qué sí o por qué no?
- ¿Qué fue lo bueno que hizo el que escuchaba?

ACTIVIDAD DE EXPRESIÓN ARTÍSTICA

Otro medio a través del cual las personas pueden expresar su dolor —sin usar palabras— es el arte. Para esto, tenga disponibles marcadores y papel, o arcilla para modelar. Pida a los participantes que interiormente encuentren un lugar tranquilo y que pidan a Dios que les muestre el dolor que llevan en el corazón. Deben dibujar o modelar con la arcilla, sin pensar mucho al respecto, permitiendo que el dolor salga a través de sus manos. Los dibujos pueden ser más simbólicos que realistas. Cada persona puede elegir los símbolos que signifiquen algo para ella; por ejemplo, un cigarrillo puede representar a un hermano que fuma.

Dedique entre 30 a 45 minutos para que todos trabajen individualmente. Luego, en grupos pequeños y a los que deseen, permita
que compartan acerca de la experiencia:

1. Que hablen acerca de sus dibujos o esculturas
2. Que compartan algo nuevo que hayan comprendido sobre su
   situación a través del ejercicio

EJERCICIO DE RESPIRACIÓN

Personas con heridas en el corazón, a menudo, pueden sentirse como
derrotadas por fuertes sentimientos. Este ejercicio de respiración
puede ayudar a retomar el control y a tranquilizarse.

1. Siéntese cómodamente
2. Cierre los ojos. Y trate de sentir su propio respirar.
3. Respire despacio: inhale... exhale... piense en usted, en su nombre,
   trate de sentir cómo la calma llega con cada respiro.
4. Imagínese que está en un lugar tranquilo: en la playa, en una
   montaña, cerca de un árbol... Puede estar solo o en compañía de
   un ser querido. Imagínese que Jesús le dice que lo ama.
5. Continúe sintiendo su propio respirar: inhale... exhale... inhale...
   exhale...
6. Después de cinco minutos, abra los ojos. Haga ejercicios de esti-
   ramiento y respire profundo.

Lección 3

QUÉ SUCEDE CUANDO ALGUIEN SUFRE UNA PÉRDIDA

1. La historia de José y Pedro

José y Pedro eran hermanos que crecieron juntos en el pequeño pueblo de Villa del Sol, en Santiago del Sur. Desde chicos les enseñaron a trabajar con dedicación en el campo ya que todos los habitantes de la región se dedicaban a la agricultura.

Con la llegada de los tiempos modernos y los grandes almacenes de cadena a las ciudades cercanas, les resultaba muy difícil sostener a sus familias. Viendo la necesidad que atravesaban y pensando en un futuro mejor para sus hijos, tomaron la decisión de irse de Villa del Sol y cruzar la frontera al país vecino en busca de mejores oportunidades.

La familia de José intentaba convencerlo de que no se fuera, su pequeño hijo Juanito le decía entre lágrimas que por favor no los dejara, y en todo esto su esposa sufría en silencio.

Llegó el día en que los hermanos emprendieron el camino y, al llegar a la frontera, cruzaron al país vecino con otro grupo de personas. Mientras caminaban por el desierto, la policía los descubrió y comenzó a perseguirlos. Todos corrían desesperados intentando escapar. Alguien que traía un arma de fuego empezó a disparar contra los policías, así que estos respondieron con más disparos. José y Pedro corrían juntos cuando una bala alcanzó a Pedro, quien de inmediato cayó de bruces al suelo. José se detuvo e intentó ayudar a su hermano... quien permanecía inmóvil y cubierto en sangre. Los policías seguían corriendo hacia ellos, así que José se levantó y corrió lo más rápido que pudo; logrando, a duras penas, escapar de aquella situación.

Tiempo después, José se instaló en la ciudad y pudo conseguir un trabajo que le permitía enviar dinero a su familia, a la cual extrañaba mucho. Ellos confirmaron que su hermano había muerto en el camino. Al principio, José se enojó con Dios, pensando: «Si Dios es amor, ¿por qué dejó morir a mi hermano?» No podía olvidar lo que le había sucedido con Pedro. El enojo llenaba su corazón. En ocasiones, sentía rabia contra su propio hermano por dejar que la policía lo viera. Otras veces, sentía rencor contra el paisano que empezó a disparar. Pero la rabia era más evidente cuando se cruzaba con un policía, porque sentía tanta cólera que ansiaba matarlo; y luego empezaba a sentirse mal y vomitaba varias veces. Por las noches tenía pesadillas terribles recordando la muerte de su hermano, y llorando repetía en voz alta: «Si tan solo me hubiera quedado a ayudar a Pedro, él no habría muerto.»

Con el tiempo, perdió interés por su trabajo y por la vida en general. Tenía que esforzarse mucho para lograr salir de la cama en las mañanas. Hacía demasiado tiempo que no hablaba con su esposa ni con sus hijos a quienes extrañaba demasiado. Y así estaba José, con su corazón herido y solo, en un país lejano.

 DIÁLOGO EN PEQUEÑOS GRUPOS

1. ¿Qué estaba experimentando José?
2. ¿De qué manera reaccionan los personajes de la historia al enfrentar la pérdida de un ser querido?

2. ¿Qué es el duelo?

El duelo es lamentar la pérdida de algo o alguien. Puede ser la pérdida de un familiar o un amigo, una parte del cuerpo o la función de una parte del mismo. Pude ser también, la pérdida de una propiedad o un empleo. Sea pequeña o enorme, toda pérdida nos afecta y nos hace experimentar algo de aflicción (Nehemías 1:3–4). La experiencia de trauma siempre incluye pérdida, pero no toda pérdida termina siendo una experiencia de trauma como es el caso de la muerte por una enfermedad prolongada de un pariente anciano.

Cuando las personas pierden a alguien o algo muy importante, pueden perder el sentido de sí mismas. Por ejemplo, y mucho más, cuando un cónyuge muere, o alguien pierde una parte de su cuerpo o la vista. Mediante el proceso de duelo, la idea que la persona tenía de sí misma cambia, y se ajusta a la nueva vida. Esto toma tiempo.

Debido al pecado de Adán y Eva, la muerte llegó al mundo; la aflicción es, pues, parte natural del proceso de recuperación de una pérdida. Solo en el cielo no habrá más llanto (Apocalipsis 21:4). Al tener la esperanza puesta en el cielo, cuando los creyentes se afligen no se desesperan como los que no son cristianos (1 Tesalonicenses 4:13). Se entristecen, pero no tienen miedo.

3. ¿Cómo podemos procesar el duelo de manera que sanemos?

Procesar el duelo lleva tiempo y energía. Es como un viaje que nos lleva por varias aldeas y nos permite sanar (Isaías 61:1–3).

El camino del duelo

A. La Aldea de «Negación e ira»

La aldea 1 es la aldea de «Negación e ira». Luego de que las personas experimentan una pérdida, a menudo se sienten adormecidas y no se dan cuenta de lo que sucede a su alrededor. Se resisten a creer que alguien en verdad haya muerto, o que el evento haya ocurrido. Es probable que, de repente, se echen a llorar o se desaten en cólera contra Dios, o contra el difunto por haberlos abandonado. Suelen tener muchas preguntas y dudas, tales como: «Si tan solo hubiera hecho esto, o aquello, él no habría muerto»; «ojalá yo hubiera...» o «¿Por qué me sucedió a mí?» A lo mejor se pueden ver tentadas a buscar a quién echarle la culpa de la muerte, o incluso pueden buscar la venganza. Esto a menudo causa conflicto y deteriora las relaciones interpersonales, aumentando el dolor.

Se pueden rehusar a creer que alguien, de verdad, haya muerto; y lleguen a pensar que todavía está en alguna parte. A menudo, sueñan que lo ven u oyen. Esta situación les sucede a las personas en todo el mundo, y no está necesariamente conectada con espíritus malos.

Esta etapa puede durar un mes o más, después de la pérdida. Suele empezar en el funeral, o mientras se acercan personas para consolar a los deudos. El llanto y los ritos funerarios son muy útiles durante el duelo.

 DIÁLOGO EN PAREJAS

Piense en una pérdida que haya sufrido, ¿sintió algunas de esas emociones? Explique.

B. La Aldea de «No se ve esperanza»

La aldea 2 es la aldea de «No se ve esperanza». Cuando las personas llegan a este lugar, a menudo se sienten tristes y han perdido la esperanza. Les puede resultar difícil organizar sus vidas. Tal vez, continúen anhelando el regreso del muerto. Inclusive, pueden sentirse muy solas y olvidadas, y es posible que piensen en suicidarse. Hasta pueden sentirse culpables de la muerte del ser querido, aunque no haya razón alguna para ello. Las preguntas que empezaron en la aldea 1 tal vez continúen.

Es probable que las personas se queden en la aldea de «No se ve esperanza» entre 6 a 15 meses.

C. La Aldea de «Nuevos comienzos».

La aldea 3 es la de «Nuevos comienzos». Quienes han aceptado y procesado la aflicción de su pérdida pueden avanzar a este lugar. En este punto empiezan a pensar en seguir adelante con su vida. Están listos para salir con amigos y distraerse de nuevo. Los que han perdido sus cónyuges empiezan a pensar en otro matrimonio. Si perdieron un hijo, tal vez quieran tener otro. Pero las personas cambian con la pérdida, no serán las mismas de antes. Si procesan bien su aflicción, serán más fuertes y podrán ayudar a otros.

D. No siempre es un viaje directo.

El viaje del duelo no siempre es directo. Es muy normal que los individuos vuelvan a visitar las aldeas previas por un breve periodo de tiempo. Alguien que ha llegado a la aldea 2 puede retroceder unos pocos días a la de «Negación e ira» y después recomenzar. Otros pueden empezar en la aldea 2 y retroceder a la aldea 1. Alguien puede haber llegado a la aldea 3, pero regresar a la desesperanza de la aldea 2, en respuesta a algún evento, como el aniversario de la muerte. Esto puede durar cerca de una semana, es normal que ocurra. Gradualmente la persona avanza más y más a la aldea de «Nuevos comienzos».

Lo que no es bueno es que alguien se quede en las aldeas 1 o 2 por mucho tiempo. Por ejemplo, una mujer puede pensar que ve u oye a su esposo, todavía un año después de muerto. La madre de un niño fallecido puede guardarle la ropa arregladita, y no regalarla, incluso a un año del suceso. Un hombre puede mostrarse reacio para asistir a reuniones sociales con sus amigos, dos años después del fallecimiento de su esposa. Estas personas se han quedado en las aldeas 1 o 2 demasiado tiempo, y puede ser que necesiten ayuda especial para avanzar.

✪ **DIÁLOGO EN PAREJAS**

En la pérdida que mencionó antes, ¿recorrió todas las aldeas hasta el lugar de los «Nuevos comienzos»? ¿Piensa que se quedó estancado en algún punto del camino? ¿Retrocedió en algún punto? Explique.

4. ¿Qué puede hacer más difícil la aflicción del duelo?

✪ **DIÁLOGO EN PAREJAS**

Piense de nuevo en la pérdida que experimentó. ¿Hubo algo que le impidió que procesara su aflicción? ¿Qué fue?

Procesar el duelo es un trabajo arduo, pero algunas cosas pueden hacerlo todavía más difícil. Estas pueden ser la manera en que sucedió la pérdida, o las creencias de la gente con relación a la aflicción o al proceso del duelo.

A. El tipo de pérdida puede hacer más difícil que las personas hagan el duelo

La mayoría de las pérdidas necesitan procesar el duelo, pero es más difícil cuando:

- Hay muchas muertes o pérdidas al mismo tiempo.
- La muerte o pérdida es repentina e inesperada.
- La muerte o pérdida es violenta.
- No hay cadáver para enterrar.
- No hay manera de confirmar la muerte de la persona.
- El que ha muerto es el proveedor de la familia, o es el dirigente de la comunidad.
- El deudo tenía problemas no resueltos con el muerto.
- La muerte es por suicidio o por asesinato.
- El que ha muerto es un niño.

B. El puente falso puede impedir que las personas hagan el duelo

A veces pensamos que como tenemos el Evangelio y creemos en todas las promesas de Dios, no está bien sentir enojo o tristeza por una pérdida. Nuestras culturas pueden reforzar esa idea. Esto puede considerarse «un puente falso», porque parece proveer un camino directo desde el momento de pérdida a los «Nuevos comienzos», sin pasar por las aldeas 1 y 2. Esto, por supuesto, no es bíblico, y no sanará las heridas del corazón. Dios nos hizo con la necesidad de llorar por nuestras pérdidas. Jesús expresó emociones de dolor en la cruz cuando dijo: «¡Dios mío, Dios mío! ¿Por qué me has abandonado?» (Mateo 27:46).

Enfrentar el dolor de la pérdida exige valor, la tentación es evadirlo. Algunas veces, nos ocupamos haciendo cosas para Dios como una manera para evitar sentir el dolor. Esto es peligroso porque si no lloramos la pérdida cuando sucede, la aflicción se quedará en nosotros. No desaparecerá y puede causar problemas por muchos años.

El puente falso

C. Las creencias culturales sobre el llanto pueden impedirnos hacer el duelo

Algunas culturas requieren llorar en público cuando alguien muere. Se sospecha de los que no lo hacen, pensando que no querían al difunto, o que han causado la muerte. Esta creencia puede resultar en que la gente llore en forma dramática, sea que se sientan tristes o no. Otras culturas no permiten que las personas, en especial los hombres, lloren. Esto puede causar que las personas repriman su aflicción en lugar de exteriorizarla.

Dios nos ha diseñado para llorar cuando estamos tristes. Es una forma de expresar nuestros sentimientos y desahogar nuestro dolor. El llanto puede ser una parte importante del duelo, tanto para hombres como para mujeres. Incluso, Jesús lloró cuando su buen amigo Lázaro murió (Juan 11:33–38a). Los salmistas lloraron (Salmos 6:6; 39:12; 42:3), y también los profetas (Isaías 22:4; Jeremías 9:1). El libro del Eclesiastés dice que hay un tiempo para llorar (Eclesiastés 3:4). Dios ve nuestras lágrimas (Isaías 38:3–5).

Las personas no deberían reprimir sus lágrimas, ni tampoco llorar solo por hacer teatro. Deben permitir que sus lágrimas broten con naturalidad. A veces, la tristeza viene en momentos inesperados, todavía meses después de la pérdida.

5. ¿Cómo podemos ayudar a los afligidos por el duelo?

A. El ejemplo de los que «consolaron» a Job

Job era un hombre rico, con una familia grande. En un instante lo perdió todo: sus hijos, su ganado, su riqueza y su salud. Cuando sus amigos oyeron de los problemas de Job, vinieron a consolarlo. Se sentaron en silencio con él por una semana antes de hablar. Entonces Job rompió el silencio expresando su dolor. Sus amigos no perdieron tiempo para acusarlo de su falta de fe (Job 4:3–6), y le dijeron que su sufrimiento se debía a sus propios pecados y a los pecados de sus hijos (Job 4:7–8). Aunque Job afirmaba que no había pecado, ellos estaban seguros de que, si él era inocente, Dios no hubiera permitido que eso sucediera (Job 8:6–8; 11:2–4; 22:21–30). Lo acusaron una y otra vez insistiéndole que confesara. Al final, Job dijo: «*Todo lo que ustedes han dicho lo he escuchado muchas veces; ¡y no fue ningún consuelo!*» (Job 16:2). En lugar de consolar a Job, aumentaron su dolor.

✪ DIÁLOGO EN PEQUEÑOS GRUPOS

¿Qué cosas útiles hicieron o dijeron los que intentaban consolar a Job? ¿Cuáles no lo fueron?

B. ¿Cómo podemos ayudar a los que están afligidos por el duelo?

✪ DIÁLOGO EN PEQUEÑOS GRUPOS

1. Cuando hizo duelo por alguien, ¿qué cosas útiles dijeron o hicieron otras personas? ¿Qué cosas no fueron de ayuda?

2. ¿De qué manera tradicional ayuda nuestra cultura a los afligidos por el duelo? ¿Cuáles costumbres son útiles? ¿Cuáles no lo son? ¿Hay alguna costumbre que un creyente no debería seguir? ¿Por qué? Informe a todo el grupo.

A continuación, complemente con lo que no ha sido mencionado de la siguiente lista.

Algunas ceremonias y prácticas tradicionales ayudan a la persona a procesar su duelo, otras no. Los líderes de la iglesia deben promover las ceremonias que son útiles y que están de acuerdo con la fe cristiana. Otras maneras de ayudar a la persona que llora una pérdida son las siguientes:

- Orar por ellos (Efesios 6:18).

- Visitarlos.

- Cuando estén listos, animarlos a hablar de lo que sienten. Permitirles que expresen su enojo y tristeza.

- Escuchar su dolor. Oír más que hablar. Las heridas sanarán cuando las personas desahoguen su dolor. No pueden absorber enseñanzas y sermones en este momento (Job 21:2; Proverbios 18:13).

- Ayudarlos con cosas prácticas. Si las personas afligidas tienen que preocuparse por cuidarse a sí mismas y a sus familias, no tendrán energía para hacer duelo de manera adecuada y recuperarse. Pueden estar demasiado agotadas como para reiniciar su trabajo y ocuparse de lo que hacía el difunto. Exonérelas de sus responsabilidades habituales para que puedan procesar su dolor. Hay muchas maneras prácticas de ayudar, en especial durante el funeral. En particular, las viudas y los huérfanos necesitan ayuda, y debemos ayudarlos: *«La religión pura y sin mancha delante de Dios el Padre es: ayudar a los huérfanos y a las viudas en sus aflicciones, y no mancharse con la maldad del mundo»* (Santiago 1:27 DHH).

- Ayudarlos a entender que es normal pasar por la aflicción del duelo, y que lleva tiempo procesarlo. No siempre van a sentirse como ahora. Es importante que no hagan cambios drásticos, como casarse, basados en cómo se sienten al atravesar las aldeas 1 y 2. Cuando lleguen a la aldea 3 podrán tomar mejores decisiones.

- Si no hay cadáver, prepare un servicio en la iglesia para recordar la vida del fallecido y reconocer públicamente su muerte. Puede ponerse una fotografía de la persona o una cruz en lugar del cadáver. Si los familiares están dispersos en diferentes lugares, pueden realizar ceremonias similares allí donde viven.

- Es común que los individuos tengan dificultades para dormir en las primeras semanas y meses después de una pérdida. Si no pueden conciliar el sueño, hay que alentarlos a hacer ejercicio físico. Si viven en una zona rural, anímelos a trabajar fuerte en los campos; si viven en la ciudad, aliéntelos a que hagan caminatas, o que practiquen deportes. El cansarse los ayudará a dormir mejor por la noche.

- Si la persona niega la muerte del ser querido, con cortesía, ayúdele a darse cuenta de eso, poco a poco. Por ejemplo, puede ayudarle a repartir las pertenencias del difunto.

- Cuando esté lista, puede leerle una promesa de la Palabra de Dios, y animarle a que la memorice, por ejemplo: «*El Señor está cerca, para salvar a los que tienen el corazón hecho pedazos y han perdido la esperanza*» (Salmo 34:18 DHH).

- Por último, lo que necesita la persona es llevarle su dolor a Dios. Mientras más detallada pueda ser en cuanto a su pérdida, mejor. Por ejemplo, puede haber perdido a un ser querido, pero también su sostenimiento, compañía, respeto o seguridad. Debe llevar estas pérdidas al Señor, una por una.

LAMENTOS

En el Salmo 13:1 David dice: «*Mi Señor y Dios, ¿vas a tenerme siempre olvidado? ¿Vas a negarte a mirarme?*» En los versículos 5 y 6 dice: «*Pero yo, Dios mío, confío en tu gran amor y me lleno de alegría porque me salvaste. ¡Voy a cantarte himnos porque has sido bueno conmigo!*» ¿Cómo puede decir, a la vez, estas dos cosas que parecen contradictorias?

Una clase de salmo, es el lamento. En ellos, la persona expresa sus quejas ante Dios en un esfuerzo de persuadirle a que actúe en su favor, y a la vez afirma su confianza en él (Salmo 62:8).* Un salmo de lamento puede ser escrito por un individuo o una comunidad. Los lamentos pueden incluir siete partes:

- Una invocación a Dios (Oh, Dios)
- Un recuento de la fidelidad de Dios en el pasado
- **Una queja**
- Una confesión de pecado o afirmación de inocencia
- Una petición de ayuda
- La respuesta de Dios (a menudo no indicada)
- Un voto de alabanza, afirmación de confianza en Dios

No todas las partes están presentes en cada lamento, y no siempre aparecen en el mismo orden. La única parte esencial es la queja.

Los lamentos permiten que la persona exprese por completo su aflicción, e incluso acuse a Dios, pero a menudo le sigue una afirmación de confianza en él. Esta combinación forma oraciones muy poderosas. No se esconde la aflicción, ni la persona se hunde en ella; sino que clama a Dios y le expresa su fe. Los lamentos nos permiten ser francos con el Señor, y expresar la verdad de los sentimientos y dudas. Lamentarse con Dios no es un signo de duda, sino de fe.

Un lamento no trata de resolver el problema por cuenta propia, sino de clamar a Dios pidiendo socorro. Mirarlo a él, no al enemigo, como el que —después de todo— tiene el control de la situación. Hacer un lamento es pedirle a Dios que actúe para ejercer justicia, en lugar de hacerlo por cuenta propia o maldecir al enemigo (Salmo 28:3–4).

Los lamentos son muy conocidos en muchos grupos étnicos. Son una buena forma de expresar emociones profundas.

---

*Sesenta y siete de los salmos se consideran lamentos (más que cualquier otro tipo de salmos). Algunos de ellos eran usados por individuos, y otros por toda la comunidad. Los salmos individuales son: 3, 4, 5, 6, 7, 9–10, 11, 13, 16, 17, 22, 25, 26, 27, 28, 31, 35, 36, 38, 39, 40, 42, 43, 51, 52, 54, 55, 56, 57, 59, 61, 62, 63, 64, 69, 70, 71, 77, 86, 88, 94, 102, 109, 120, 130, 140, 141, 142 y 143. Los salmos de lamentos de la comunidad son: 12, 14, 44, 53, 58, 60, 74, 79, 80, 83, 85, 90, 106, 108, 123, 126, 137.

 **ACTIVIDAD**

1. Haga que cada uno cierre su libro, lea el Salmo 13 e identifique las partes de este lamento. Una vez terminado, lea el salmo en voz alta con todo el grupo e invítelos a decir qué parte es cada verso.

Versículos 1–2: *Mi Señor y Dios,* *¿vas a tenerme siempre olvidado?* *¿Vas a negarte a mirarme?* *¿Debe seguir mi corazón* *siempre angustiado,* *siempre sufriendo?* *¿Hasta cuándo el enemigo* *me va a seguir dominando?*	Invocación y queja
Versículos 3–4: *Mírame y respóndeme;* *¡ayúdame a entender lo que pasa!* *De lo contrario, perderé la vida;* *mi enemigo cantará victoria* *y se alegrará de mi fracaso!*	Petición
Versículo 5: *Pero yo, Dios mío, confío en tu gran amor* *y me lleno de alegría porque me salvaste.*	Afirmación de confianza en Dios
Versículo 6: *¡Voy a cantarte himnos* *porque has sido bueno conmigo!*	Voto de alabanza

2. En silencio, tome 30 minutos para que cada uno componga un lamento acerca de su propia experiencia dolorosa. Deben hacerlo en su lengua materna. Puede ser un lamento escrito, un canto, o una canción y danza. Todo el grupo puede unirse para escribir un lamento comunal. Compártalo en pequeños grupos o con todo el grupo.

Lección 4

NIÑOS QUE HAN SIDO VÍCTIMAS DE COSAS MALAS

1. La historia de Martín y la calle

Jorge y Ana María tenían 18 años cuando se casaron. Ella ya estaba embarazada y, cuando nació el bebé, lo llamaron Martín. Esos primeros años de matrimonio estuvieron llenos de felicidad. Martín era un niño feliz, buen estudiante y tenía muchos amigos. Cuando tenía siete años, su papá conoció a una mujer y todo cambió. A veces, al acostarse, Martín escuchaba a sus padres discutir en voz baja. No le interesaba mucho saber de qué estaban hablando, pero sí le llamaba la atención porque era algo extraño. Ni su mamá ni su papá le decían nada de aquello. Una noche despertó y escuchó a su mamá llorando y a su papá que cerró tras sí la puerta de un solo golpe. Desde aquel día, Martín jamás volvió a ver a su padre. La situación económica de Ana María empeoró tanto que Martín, con solo ocho años, empezó a pedir limosnas en la calle. En las noches, al llegar a su casa, se acostaba y soñaba, una y otra vez, en el día en que su papá lo había abandonado; y se despertaba, envuelto en llanto, anhelando su presencia.

En la avenida donde pedía dinero había un sujeto, Gerardo, que cobraba una tarifa para permitir a los niños mendigar en esa calle. Un día Martín no pudo llegar a cubrirla, y este lo golpeó y lo dejó sangrando. Su madre al ver esto intentó protegerlo, pero el hombre sacó un arma y amenazó a Ana María diciéndole que su hijo era un inútil y bueno para nada. Con instinto de madre y enfurecida, ella se lanzó encima del Gerardo, quien disparó el arma, y Ana María murió. Todo pasó delante de los ojos, llenos de lágrimas, del niño. Martín huyó de aquel lugar con mucha ira por no haber podido proteger a su madre.

Una tía lo tomó y lo llevó a vivir en su pequeño apartamento. Nunca se mencionó lo que había pasado con sus padres. Ni nadie le preguntó a Martín cómo se sentía. Martín ya no tenía que pedir limosna, eso es verdad; y pronto, comenzó a estudiar en la escuela del pueblo; sin embargo, siempre se le veía con la mirada triste. Parecía que no le interesaba aprender. Peleaba mucho con sus primos y con los niños de la escuela. Cada vez que escuchaba un estruendo corría a esconderse, lleno de temor y, muchas noches, se orinaba en la cama. No le gustaba dormir porque sufría pesadillas, ya fueran escenas del abandono de su padre o de la muerte de su madre. Esto le hacía llorar a menudo. Martín no hablaba con nadie de sus pesadillas, ni de sus sentimientos, ni de sus padres; sino que hacía un esfuerzo enorme por olvidarlos, sin poder conseguirlo. Incluso, cierto día, se le cruzó el terrible pensamiento de arrojarse a las vías del tren para terminar de una vez por todas con su sufrimiento.

Su tía no entendía su comportamiento, le pegaba cuando se orinaba o se peleaba con los otros niños. En la escuela cuando no hacía sus tareas, la maestra no lo dejaba salir a jugar con los otros estudiantes. Esto lo hacía llorar más, pero aún así, no cambiaba su conducta. Su tía y la maestra ya no sabían qué hacer.

✪ DIÁLOGO EN PEQUEÑOS GRUPOS

1. ¿Cómo se comportaba Martín antes, durante y después del abandono y del ataque?
2. A su modo de pensar, ¿por qué cambió su conducta después del ataque?
3. ¿Cómo reaccionan por lo general los adultos con niños como Martín? ¿Piensa que estas reacciones ayudan a los niños?

2. ¿Cómo se comportan los niños que han experimentado cosas malas?

✪ DIÁLOGO EN PEQUEÑOS GRUPOS

¿Conoce niños que han sido víctimas de cosas malas? ¿Cómo se comportan?

Las cosas malas que experimentan los niños, los afectan de muchas maneras. Estas reacciones son diferentes de las maneras en que reaccionan los adultos.

A. Las cosas malas afectan sus emociones

- Pueden llenarse de miedo. Los niños pequeños pueden aferrarse a sus padres. A lo mejor tengan miedo de extraños, de la oscuridad o de que algo malo vuelva a sucederles. Pueden tener miedo de ir a la escuela.

- Pueden enojarse mucho y tornarse agresivos. Los niños pequeños pueden pelear con sus compañeros más que antes. Los niños mayores tal vez se rebelen aún más contra sus padres y maestros.

- Pueden volverse tristes. Aunque el niño esté muy triste, como sucede después de una muerte, lo normal es que esto sea por un tiempo y que luego vuelva a sus juegos de antes.

- Pueden perder interés en la vida. El dolor del corazón preocupa su mente. Les quita la energía para vivir.

- Pueden parecer más callados, y estar distantes de lo que pasa a su alrededor.

- Pueden sentirse responsables de lo ocurrido.

- Los niños mayores pueden sentirse culpables por haber sobrevivido mientras que otros murieron.

B. Las cosas malas afectan sus cuerpos

- Pueden alterar su manera de hablar, dejar de hacerlo o empezar a tartamudear.

- Pueden perder el apetito debido a que sienten ansiedad, o tal vez coman con exageración tratando de apaciguar el dolor.

- Pueden quejarse de dolores de cabeza, de estómago o de otra parte del cuerpo. Hasta pueden tener erupciones en la piel o ataques de asma.

C. Las cosas malas afectan su conducta

- Pueden retroceder en el tiempo y comportarse como lo hacían cuando eran más pequeños. Por ejemplo, orinarse en la cama o chuparse el dedo pulgar.

- Tener pesadillas. Algunos niños pequeños pueden gritar mientras duermen, sin despertarse. Dejarán de hacerlo cuando crezcan.

- Jugar a la guerra todo el tiempo. Pelear mucho y estar muy irritables.
- Llorar mucho.
- Enojarse demasiado si pierden cosas que les importan, como ropa, un juguete o un libro.
- Tener problemas para aprender en la escuela porque no pueden concentrarse.
- Los niños mayores pueden empezar a beber alcohol, u otras drogas para disminuir el dolor, o participar en relaciones sexuales inadecuadas.
- También suelen hacer cosas arriesgadas: conducir a toda velocidad en motocicleta, practicar deportes extremos o ingresar en el ejército. Esto les hace sentirse valientes frente al peligro.
- Hasta pueden hacerse daño a sí mismos, por ejemplo, cortándose el cuerpo o incluso cometer suicidio.

3. ¿Cómo podemos ayudar a niños como Martín?

✦ DIÁLOGO EN PEQUEÑOS GRUPOS

¿Cómo podemos ayudar a niños que han sido víctimas de cosas malas?

A. Volver a reunir a la familia, si es posible, y establecer rutinas diarias

Dentro de las posibilidades, es importante volver a reunir a la familia lo más rápido posible después del suceso malo.

Mientras más predecibles sean las actividades de cada día, mejor para los niños. A diario, Martín debe saber lo que es probable que suceda. Debe animársele a ir a la escuela, a ayudar en los quehaceres de la casa; y a jugar con sus amigos. Parte de las actividades deben ser de diversión. Esto puede consistir en jugar; si hacer ruido es peligroso, mejor será contar cuentos. Es importante tratar de terminar las actividades que comenzaron, esto le dará al niño un sentido de que puede lograr algo y restaura su sentido de seguridad. Les ayuda a sentir que el futuro no está fuera de control.

Si hay tensión entre el papá y la mamá, los niños la perciben. Los padres necesitan resolver cualquier fricción que pueda haber entre ellos, por el bien de sí mismos y por el de los hijos.

B. Escuchar el dolor de los niños

Cuando los niños miran a su alrededor, ellos comprenden mucho más de lo que los adultos creen. Aunque, tienen la tendencia de imaginarse lo restante, hasta que tenga sentido para ellos. Debido a esto, y si no tienen la oportunidad de hablar sobre las cosas, tal vez conciban ideas muy equivocadas y extrañas. Es muy importante que los padres hablen con los niños, aunque no estén acostumbrados a hacerlo; esto se debe hacer durante y aún después de sucedidos los hechos. Les deben preguntar: ¿Qué sucedió? ¿Cómo se sintió? ¿Qué fue lo más difícil para usted? No es el momento de decir: «Anda a jugar afuera». Las familias deben dialogar sobre las cosas malas que han sucedido. Cada niño debe tener la oportunidad de decir lo que sintió cuando ocurrieron los hechos. Es muy posible que algunos niños tengan problemas aunque no lo demuestren, y se les debe dar la oportunidad de expresarlos. También es bueno que los padres hablen con ellos de forma individual.

A menudo, los más pequeños se expresan mejor al jugar que al hablar. Cuando reviven el evento malo, a través del juego, esto les ayuda a sacar afuera el dolor que han experimentado. Los padres deben hacerles preguntas acerca de lo que están jugando y cómo se sienten al respecto. Entonces podrán hablar de aquello que los hace sufrir.

Otra manera de ayudar a los niños a expresar su dolor es mediante el dibujo. Los padres pueden conseguirles papel y lápiz o, de no ser posible, pedirles que dibujen en la tierra. Si no saben qué dibujar, pídales que hagan un hombre, después su familia y por último, el lugar donde solían vivir. Pídales que le expliquen el dibujo. Recuerde que el objetivo no es enseñarles sino ayudarles a hablar de su dolor.

Si los niños tienen pesadillas, explíqueles que muchas veces las personas sueñan cosas malas que les han sucedido. Anímeles a que le cuenten sus sueños. Pregúnteles si piensan que sus sueños podrían tener relación con algo que les ha sucedido.

El dibujo de un niño sobre su experiencia en la guerra

C. Decir a los niños la verdad sobre la situación

El niño debe saber la verdad de lo que ha sucedido, de manera apropiada para su edad. Se les debe decir si todavía hay o no peligro, y si alguien ha muerto o no. Conocer el peligro real es mejor que imaginarse toda clase de peligros que no son verdaderos. Sin embargo, los padres no deben exagerar el peligro ni hablar de todas las cosas malas que pudieran suceder.

Deben estar preparados por si vuelven a suceder cosas malas, y en familia hablar de esto con franqueza.

D. Tener a diario devocionales con la familia

De manera especial durante los eventos malos, las familias deben encontrar un momento durante el día para compartir todos juntos. Un buen tiempo para hablar juntos como familia es al final del día. Cada persona, tanto jóvenes como adultos, debe conversar de lo que ha visto o sentido ese día. También se debe dar a los niños pequeños la oportunidad de hablar y hacer sus peticiones de oración. Luego, la

---

familia unida debe orar o cantar. Tenga presente que tan pronto como los niños puedan hablar con otros, pueden hacerlo con Dios. Las cosas malas pueden unir a la familia si se las atiende de la manera apropiada. A menudo los niños pequeños no entienden la muerte. Esperan que la persona regrese. Hacen preguntas como: «¿Por qué Dios permitió que esto pasara? ¿Va a permitir que esto me pase a mí? ¿Fue mi culpa? ¿Qué pasará con el cuerpo después de que está enterrado?» Puede ser difícil dar una respuesta completa a algunas de estas preguntas, pero los padres deben hacerlo de la mejor manera posible, y de forma que anime al niño a confiar en Dios.

A cada miembro de la familia se le debe ayudar a entender que Dios sigue teniendo el poder y que lo ama. Cada persona puede escoger un versículo para aprender de memoria. Por ejemplo:

- Salmo 121:4, Dios es un guardián que nunca duerme
- 1 Pedro 5:7, Dios puede quitarnos todos nuestros temores
- Salmo 23:1, Dios cuida de todas nuestras necesidades
- Salmo 46:1, Dios siempre es nuestro refugio
- Proverbios 3:5, Dios quiere que confiemos en él
- Mateo 11:29, Dios es bondadoso y paciente

✪ DIÁLOGO EN PEQUEÑOS GRUPOS

1. En la tradición de su región, ¿escuchan los padres a sus hijos? ¿Conversan con ellos? Si no, ¿cuál es la razón? ¿Cuáles son las creencias que les impiden hacerlo?
2. ¿Cómo se comparan esas creencias con lo que dice la Biblia? Lean Marcos 10:13 y Deuteronomio 6:4–9.
3. ¿De qué manera podemos procurar que los niños hablen de sus experiencias dolorosas?

E. Los adolescentes tienen necesidades particulares

Los adolescentes atraviesan un período difícil de la vida, aunque no haya un trauma específico. Algunos problemas que pueden surgir después de una situación traumática pueden ser nada más debido a su edad.

Los adolescentes necesitan tener su privacidad. Cuando las familias se ven desplazadas o en una crisis, el entender la necesidad de privacidad, en especial de una muchacha adolescente, puede ayudar, incluso si los padres no pueden proveerle esto. Los adolescentes necesitan conversar con sus amigos, y esto se debe procurar, e incluso más, después de un evento traumático. A los adolescentes les gusta sentirse útiles, de manera especial cuando su familia atraviesa por un momento difícil. Si pueden contribuir a la supervivencia familiar, se sentirán valorados.

F. Los padres necesitan explicar a los maestros y directores de la escuela lo sucedido

Los padres y otros líderes deben acordar un tiempo para reunirse con el director y maestros de escuela para hablar de lo sucedido y de cómo el problema ha afectado a los niños y su rendimiento en la escuela. Si los maestros entienden la situación, tendrán más paciencia con los alumnos y serán una parte del proceso para sanar las heridas del corazón.

G. Casos graves

Cuando un niño, después de un año, todavía muestra problemas graves, se recomienda que alguna persona madura y sabia pase más tiempo con él. Dios puede sanarlo, pero tomará tiempo. Puede ser que necesite ayuda profesional.

4. ¿Cómo podemos ayudar a los niños que han tomado armas?

En el mundo actual, muchos niños son secuestrados y obligados a ser soldados, miembros de grupos guerrilleros o pandillas. Otros escogen unirse a estos grupos por diferentes razones. Por ejemplo, pueden ser pobres y pasar hambre, tal vez un miembro de su familia fue asesinado o no tienen a dónde ir, puede que estén furiosos contra el enemigo, o quieran parecer valientes ante sus amigos. Cualquier niño (es decir, toda persona menor de 18 años) que se ve expuesto a batallas, que asesina o que es testigo del asesinato de otros, sufrirá traumas y no tendrá un desarrollo apropiado como persona, a menos que tenga la ayuda suficiente. Los niños que han tomado armas tienen dificultades cuando regresan a la vida normal. A menudo han visto muchos actos perversos y han aprendido a resolver con violencia los problemas de la vida. Tal vez fueron obligados a hacer cosas terribles contra su propia comunidad o familia. En lo posible, deben volver a sus familias, aunque puede ser muy difícil por lo que han hecho. La gente puede tenerles miedo y aborrecerlos. Necesitan ayuda especial antes de que estén listos para regresar a su casa o a la escuela. Hay organizaciones que tienen establecimientos para ayudarlos, y tal vez necesiten quedarse en esos lugares por algún tiempo. Como todas las personas que han experimentado traumas, necesitan contar sus experiencias y ser escuchados. Dibujar lo que vieron o hicieron, o representarlo en dramatizaciones puede ayudar. Antes de que puedan volver a la vida normal, necesitan saber que hay quienes los quieren y se interesan por ellos (Salmo 103:13–14). También necesitan arrepentirse del mal que hayan hecho y recibir el perdón de Dios (1 Juan 1:8–9).

La iglesia debe ayudar a la comunidad a reconocer el dolor, la pérdida y los traumas de los niños que han experimentado esto. Tanto la comunidad como estos niños necesitan entregarle su dolor a Dios para que él lo sane. Necesitan confesar su pecado, perdonarse unos a otros, y reconciliarse. Es probable que las familias de estos niños necesiten la ayuda y el apoyo de otras personas mientras su hijo se reintegra a la sociedad. El hijo les parecerá una persona cambiada, y llevará tiempo para que las relaciones personales se restauren de nuevo.

La iglesia también debe educar a la comunidad en cuanto a los males que acontecen cuando los niños toman las armas.

EJERCICIO DE CLAUSURA EN PEQUEÑOS GRUPOS

Hablen sobre cómo tratar a los niños. Identifiquen a los niños de su región que necesitan ayuda especial y planifiquen lo que se puede hacer para ayudarlos. Oren juntos por esos niños.

Lección 5R

PERSONAS VÍCTIMAS DEL ABUSO SEXUAL

Este es un tema delicado. Si comienza a sentirse incómodo en cualquier momento, hable con el facilitador o salga de la sesión.

1. Dos historias de la violación

Elija la historia que sea más apropiada en su contexto.

La historia de Mónica

Mónica había comenzado a servir en la iglesia y estaba muy contenta. Una noche, al salir de una reunión, iba pensando en lo feliz que era al recibir a la gente y conversar con ellos antes del servicio. Entonces recordó que no había leche en la casa y paró en un establecimiento para comprarla. Al salir, un hombre se le acercó y le preguntó la hora, y cuando ella bajó la cabeza para mirar el reloj, él le puso un revolver en la cintura y le pidió que en silencio fueran hacia el vehículo de ella. Mónica, temiendo por su vida, obedeció sin decir una palabra.

Aquel hombre la obligó a conducir hasta un lugar solitario. Allí la golpeó, la violó y la maltrató. Con mucha dificultad, Mónica regresó a su casa y fue a bañarse. Horas más tarde su esposo llegó y la encontró golpeada y llorando. Ella le contó lo sucedido y ambos acordaron no decírselo a nadie. Semana tras semana, el recuerdo de aquel acto vio- lento le robaba la felicidad. Se ausentaba con frecuencia de su trabajo y no contestaba las llamadas de sus amigas. Su esposo trataba de animarla, pero desde el incidente no había querido tener intimidad con ella. Esto le causaba mucha tristeza, porque amaba mucho a su esposo y se sentía sucia e indigna. Sentimientos de culpabilidad la atacaban a diario.

Un día una mujer de la iglesia, preocupada, decidió hacerle una visita. Mónica no podía aguantar más la carga pesada que le atormentaba a diario, le contó lo sucedido e incluso reconoció que, a menudo, pensaba en quitarse la vida.

 DIÁLOGO EN PEQUEÑOS GRUPOS

1. ¿Por qué Mónica no le dijo a nadie lo que había sucedido?
2. ¿Cómo puede sanar Mónica las heridas del corazón?

Amnón deshonra a Tamar

Absalón, hijo de David, tenía una hermana muy hermosa, llamada Tamar. Y sucedió que Amnón, hijo también de David, se enamoró de ella a tal grado que acabó por enfermarse de angustia y él encontraba muy difícil hacerle algo. Su amigo y primo Jonadab le preguntó: —¿Qué te pasa, príncipe? ¿Por qué estás cada día más desmejorado? Amnón le respondió: —Es que estoy enamorado de Tamar. Entonces Jonadab le aconsejó: —Métete en la cama y hazte el enfermo. Y cuando vaya a verte tu padre, dile que, por favor, mande a tu hermana Tamar para que te dé de comer. Amnón se metió en la cama y se hizo el enfermo. Y el rey David mandó a Tamar a la casa, y le dijo: —Ve, por favor, a casa de tu hermano Amnón, y prepárale algo de comer. Amnón le dijo a Tamar: —Trae la comida a mi habitación, y sírveme tú misma. Tamar tomó las tortas que había hecho y se las llevó a su hermano Amnón a su habitación, pero cuando se las acercó para que comiera, él la sujetó y le dijo: —Ven, hermana mía, acuéstate conmigo. Ella le respondió: —No, hermano mío, no me deshonres, porque esto no se hace en Israel. ¡No cometas tal infamia! ¿A dónde podría ir yo con mi vergüenza? Amnón no quiso hacerle caso, y como era más fuerte que Tamar, la forzó y se acostó con ella.

Pero fue tal el odio que Amnón sintió después hacia ella, que terminó aborreciéndola más de lo que la había amado. Así que le ordenó: —Levántate y vete. Tamar le contestó: —¡No, hermano mío, porque el echarme ahora de aquí sería una maldad peor que la que has cometido conmigo! Amnón no quiso hacerle caso; por el contrario, llamó a su criado y le ordenó: —¡Echa de aquí a esta mujer, y luego cierra bien la puerta! El criado la echó fuera de la casa.

Entonces Tamar, que llevaba puesta una túnica muy elegante, se echó ceniza en la cabeza, rasgó la túnica que llevaba puesta y, con las manos sobre la cabeza, se fue llorando por el camino.

Entonces su hermano Absalón le preguntó: —¿Así que fue tu hermano Amnón quien te hizo esto? En tal caso, guarda silencio, hermana mía, pues es tu hermano. No te preocupes demasiado por este asunto. Tamar, al verse abandonada, se quedó en casa de su hermano Absalón.

Cuando el rey David se enteró de todo lo sucedido, se puso muy furioso; pero no reprendió a su hijo Amnón porque, como era su hijo mayor, lo quería mucho.

Absalón odiaba a Amnón por haber deshonrado a su hermana Tamar y decidió matarlo. Dos años después le puso una trampa y lo mató. Absalón huyó a otro país, y allí se quedó durante tres años para escapar de la ira de su padre David. Al fin, David le pidió que volviera a Jerusalén. Pero incluso entonces, David se negó a verlo. Absalón se amargó contra David y trató de tomar su trono. Murió en el intento. *(Esta historia está en 2 Samuel 13, adaptada de DHH)*

⚙ DIÁLOGO EN PEQUEÑOS GRUPOS

1. ¿Qué en esta historia muestra que la familia de Tamar no era un lugar seguro para ella?
2. ¿Qué efectos tuvo en Tamar la violación de Amnón? ¿Qué efectos tuvo en Amnón? ¿Qué efectos tuvo en su familia?

2. ¿Qué es la violación sexual?

Una violación sexual ocurre cuando una persona obliga por la fuerza a otra a tener relaciones sexuales sin su consentimiento. En la mayoría de los casos, es el hombre el que fuerza a una mujer o señorita, pero puede también sucederle a un muchacho o a un hombre. Aunque en tiempo de paz la violación sexual es un problema, en tiempo de guerra es mucho más frecuente. La violación tiene sus raíces en el deseo de ejercer poder sobre la otra persona, y se usa la fuerza y la violencia. La lujuria, o deseo sexual, es algo secundario. Una violación puede ser perpetrada por un pariente, un amigo o un extraño.

3. ¿Cuáles son los efectos de la violación sexual?

Una violación sexual es una de las experiencias más dolorosas que una persona puede atravesar. Deja heridas profundas en su corazón por largo tiempo. Debido a que las víctimas se sienten avergonzadas por la violación, las heridas que causa, a menudo, se mantienen en secreto. Nadie más sabe lo que sucedió. El hecho de que la persona no hable acerca de que fue violada, no quiere decir que no sucedió.

A. ¿Cómo afecta a la persona la violación sexual?

 DIÁLOGO EN PEQUEÑOS GRUPOS

Cada grupo pequeño puede conversar sobre una o más de estas preguntas:
1. Si una mujer o niña es violada, ¿cómo la afecta?
2. Si un hombre o niño es violado, ¿cómo lo afecta?
3. Si una persona casada es violada, ¿cómo afecta su matrimonio?
4. Si una persona es violada, ¿cómo afecta su familia?

Recibe pensamientos del grupo y añade cualquier cosa a la lista no mencionada abajo.

- Puede sentir una profunda vergüenza; puede sentir una suciedad que no puede quitarse.
- Puede sentir que su vida se ha arruinado, o que ya no tiene ningún valor. Si no está casada(o), puede sentir que nadie jamás se casará con ella (él).
- Puede sentir tanta tristeza. Puedes tratar de evitar sentir el dolor usando drogas o alcohol o comida.
- Puede estar en alerta todo el tiempo.
- Puede sentirse culpable, y pensar que Dios la está castigando.
- Puede sentir enojado con las demás personas. Por ejemplo, las mujeres violadas pueden sentir un gran rencor contra todos los hombres.
- Puede tener miedo de decirle a alguien.
- Puede que ya no disfrute de las relaciones sexuales o tal vez, empiece a tener relaciones sexuales con muchas personas.

- Puede estar enojado con Dios por permitir que eso sucediera y ya no puede confiar que Dios la protegerá en el futuro.
- Puede pensar que los demonios la han poseído.

B. ¿Cómo afecta la violación al matrimonio y a la familia?

Si el violador fue un extraño, la familia y la comunidad puede que sientan compasión hacia la víctima. Si presenciaron la violación, quizá se sientan tan abusados como la víctima.

Si la víctima no se lo dice a sus familiares, no podrán entender por qué está triste y colérica. Los cónyuges tal vez no entiendan por qué es tan difícil para ella o él tener relaciones sexuales.

Si se lo cuenta a sus familiares, y la violación fue hecha por un individuo conocido, puede llevar a otros problemas. A lo mejor no quieran admitir que esa persona haya hecho esa cosa tan mala. Quizá tenga miedo de acusar al violador, y mucho más si es un miembro respetado de la comunidad. Para guardar la paz, puede que nieguen lo sucedido y traten a la persona de mentirosa. O, si piensan que ocurrió, a lo mejor le echen la culpa a la víctima y tal vez la/lo castiguen. También, es probable que planeen cómo vengarse. En cualquier caso, la violación causará problemas graves en el matrimonio y la familia de la persona.

La violación afecta de manera especial al esposo. Él puede temer contraer alguna enfermedad de transmisión sexual. Pensar que su esposa ahora está sucia, y es posible que ya no quiera acostarse con ella. Cuando esto ocurre, aumentan los sentimientos de vergüenza y de aislamiento de la persona.

4. ¿Cómo podemos ayudar a quien ha sufrido una violación?

Para ayudar a las víctimas a recuperarse de una violación, permítales tomar tantas decisiones que sea posible, incluso si no está de acuerdo con sus decisiones. Esto ayuda a restaurar el poder que el violador les quitó.

✿ DIÁLOGO EN PEQUEÑOS GRUPOS

1. ¿Qué tipo de ayuda médica y legal necesitan las víctimas de violación? ¿Qué tipo de recursos se puede conseguir en su área?

2. ¿Cómo podemos ayudar a las víctimas de violación a sanarse de las heridas del corazón? ¿Cómo se debe escoger a los ayudadores? Dado el dolor profundo de la violación, ¿qué deben y no deben hacer los ayudadores?

3. ¿Cómo puede una víctima de violación perdonar genuinamente a su violador? Describe el proceso. ¿Cuánto tiempo podría tomar?

A. Necesita atención médica y legal

Si hay un centro de atención de víctimas de violaciones en su área contáctelos de inmediato. Ellos son los más indicados y preparados para atender a la víctima.

La víctima de violación necesita atención médica inmediata. Cuanto antes se brinde la atención, mejor será para la víctima. Incluso si la ayuda no se puede conseguir de inmediato, debe hacerse apenas sea posible. Un médico debe examinarla, por si hay otras infecciones o lesiones, como huesos rotos o hemorragias internas. Hay medicinas que pueden aplicarse de urgencia que reducen la probabilidad de infección con enfermedades de transmisión sexual: el VIH, tétano, hepatitis B, entre otras. Estos medicamentos son diferentes de aquellos que rechazan un posible embarazo. Si una víctima descubre que está embarazada, necesitará ayuda especial.

La violación es contra la ley en la mayoría de los países. Algunos países exigen por ley que el abuso a menores sea reportado a la policía; cuando la víctima es una persona adulta, ella debe autorizar la denuncia. Ellas no siempre se sienten preparadas para hacerlo, por eso el diálogo con una persona indicada, como un agente de un centro de atención a víctimas, puede ayudarles a tomar la decisión.

Un miembro de la familia, un amigo o alguien de confianza debe acompañar a la víctima al doctor o a la policía, y así podrán brindarle apoyo y consuelo; y, además, puede ayudar a darle al médico la información necesaria.

B. Ayúdelos a sanar de las heridas de su corazón

Las víctimas necesitan hablar con alguien sobre su violación. Con frecuencia, la persona sabe en quién puede confiar, y se le debe permitir que escoja con quién quiere hablar. Como la violación hace que la persona sienta una honda vergüenza, solo le contará su dolor a alguien de confianza que guarde en privado el asunto. Puede ser especialmente difícil para las víctimas masculinas.

Los oyentes deben ser conscientes de que se puede formar un vínculo estrecho entre ellos y la víctima. A veces, este vínculo conduce a comportamientos poco saludables. Si el oyente es del sexo opuesto, otra persona de confianza debe estar presente.

Algunas personas no se sienten libres de contarle su dolor a nadie. Por tanto, las iglesias deben incluir oraciones y enseñanzas para las víctimas de violación en sus servicios religiosos. Esto puede darles una luz de esperanza a aquellos que tienen un dolor profundo y secreto. Además, les ayuda a darse cuenta de que pueden hablar con otros sobre el asunto. Los líderes religiosos pueden identificar a miembros de la congregación con capacidades para ayudar en esta situación, y capacitarlas para mejorar su habilidad.

Las heridas en el corazón causadas por la violación pueden tardar mucho tiempo en sanar. Un objetivo importante de la escucha es ayudar a las víctimas a darse cuenta del impacto que la violación ha tenido en sus vidas. Los oyentes deben ser atentos y pacientes, y ayudar a las víctimas a hablar abiertamente. Necesitan escuchar sin reprimir o culpar. Está bien que las víctimas estén enojadas con Dios. Él puede aceptar su enojo. Es mejor para ellos ser sinceros sobre sus sentimientos que ocultarlos. Escribir un lamento puede ser una forma de expresar los sentimientos (véase Lección 3, «Lamentos»).

Las víctimas necesitan saber que son amadas. Al principio, la persona puede estar tan furiosa con Dios que no quiere orar ni leer su Palabra. El único amor que tal vez pueda aceptar es el de los que la rodean. Al ver que otros todavía la valoran y la aman, y de manera paulatina, se dará cuenta de que no ha quedado arruinada. Su esposo y parientes pueden desempeñar un papel clave en esto. Con el tiempo, es posible que esté dispuesta a recibir el consuelo de la Palabra de Dios y pedir que otros oren por ella. Algunos pasajes bíblicos que pueden ser útiles son los Salmos 9:9–10; y 10:17–18.

Cuando esté lista, necesitará llevarle su dolor a Dios en oración y pedirle que la sane. Entre más específica sea, acerca de lo que perdió en la violación, mejor: por ejemplo, su inocencia, su pureza, su alegría. Debe pedirle a Dios que le restaure estas cosas (Salmo 71:20–21).

C. Ayúdelos a comenzar el largo proceso de perdonar a su violador

Cuando Dios comienza a sanar el dolor de su corazón, entonces podrán empezar a perdonar al violador. El proceso de perdón puede llevar largo tiempo. Dios nos pide que perdonemos a los que nos hacen mal (Mateo 6:14–15). Jesús mismo perdonó a los que lo crucificaron (Lucas 23:34). Negarse a perdonar solo aumentará el sufrimiento.

El perdón no significa que la violación sea justa. No significa que el violador no tenga que enfrentar las consecuencias de su acto. La gente puede perdonar genuinamente y aún llevar al violador a los tribunales. El perdón puede no dar como resultado la reconciliación. Puede que nunca sea seguro estar en relación con el violador de nuevo (véase Lección 9).

Si tiene un hijo como resultado de la violación, perdonar al violador puede ayudarla a aceptar del todo al niño.

5. ¿Qué sucede con los hijos que nacen como fruto de una violación?

❂ DIÁLOGO EN PEQUEÑOS GRUPOS

¿Hay niños en su iglesia víctimas de la burla y el menosprecio debido a las circunstancias que rodearon su nacimiento? Si es así, ¿cómo los están ayudando?

A. ¿Cuáles son sus necesidades especiales?

A veces las madres y familias rechazan a los niños que nacen como fruto de una violación, los tratan mal, o incluso los abandonan tanto que terminan muriendo. Estos niños pueden ser ridiculizados por no tener papá. Puede que sus hermanos los aborrezcan y no los consideren miembros verdaderos de la familia.

B. ¿Cómo podemos ayudar a estos niños?

Dios tiene un amor especial por los huérfanos (Deuteronomio 10:18). En el Salmo 68:5–6a dice: «Dios, que habita en su santo templo, es padre de los huérfanos y defensor de las viudas; Dios da a los solitarios un hogar donde vivir, libera a los prisioneros y les da prosperidad». Como creyentes debemos pedirle a Dios que nos ayude a amar a estos niños de la misma manera que Dios los ama. Necesitan nuestro amor incluso más que otros niños; y necesitan también la enseñanza especial de la Palabra de Dios, la cual les asegura que su vida no es un accidente. Algunos pasajes bíblicos que pueden ser útiles son Salmo 139:14–18, e Isaías 49:15. Ellos no son responsables por las cosas malas que les han hecho.

Cuando empiezan a preguntar quién es su papá, es bueno decirles la verdad. Si se conoce al papá, hay que hacerles saber quién es. Si ya ha muerto, puede ser útil decirles quiénes son sus parientes.

Dar la bienvenida a un niño de la violación es una imagen viviente para los demás de cómo Dios nos acoge independientemente de nuestros antecedentes. Los líderes de la iglesia pueden ayudar a toda la familia y a la comunidad de la iglesia a aceptar a este niño. El momento de dedicar, o bautizar al niño en la iglesia, es una buena ocasión para pedir una bendición especial para él y su familia que no traiga vergüenza.

6. ¿Qué hay de los violadores?

Las iglesias pueden ayudar a los violadores a arrepentirse de su pecado. Aquí hay una lista de pasos que indica que un violador se ha arrepentido genuinamente.

- Alguien debe guiar los violadores en aprender maneras saludables de relacionarse con los demás, orar con ellos, y pedirles cuentas de sus acciones cada día.

- Los violadores se dicen a sí mismos y a los demás la verdad sobre lo que han hecho.
- Deben sentir remordimiento por lo que han hecho y se hacen responsable del daño que han causado.
- Necesitan reflexionar sobre su deseo de violar y de tener poder sobre otras personas.
- Necesitan confesar sus pecados a Dios y recibir su perdón.
- Si la víctima está de acuerdo en hablar con el violador, necesita pedirle perdón a su víctima o víctimas. Muestra su arrepentimiento de hecho, según corresponda (Lucas 3:8, Hechos 26:20b; Números 5:5–7).
- Los violadores han roto la confianza que las personas les tenían, y necesitan reconstruir la confianza a través de buenas experiencias y esto puede tomar mucho tiempo.
- Aceptan las consecuencias legales y sociales por lo que han hecho.
- Si forman parte de una iglesia, informan al pastor sobre lo que han hecho y se someten a las restricciones que la iglesia pone en práctica para proteger a los inocentes.
- Aun si los violadores confiesan y se arrepienten, la congregación debe tomar medidas para no dejarlos a solas con posibles víctimas.

Las víctimas de violación pueden sufrir aún más si los violadores quedan impunes. Saber que Dios odia la injusticia puede ser un consuelo. Lee estos versículos del libro de Isaías al unísono:

Isaías 61:8a:
Porque el Señor ama la justicia, y odia el robo y el crimen.

Isaías 59:14–19
La justicia ha sido despreciada,
la rectitud se mantiene a distancia,
la sinceridad tropieza en la plaza pública
y la honradez no puede presentarse.
La sinceridad ha desaparecido,
y al que se aparta del mal le roban lo que tiene.

El Señor se ha disgustado
al ver que no hay justicia.

El Señor quedó asombrado
al ver que nadie ponía remedio a esto;
entonces actuó con su propio poder,
y él mismo obtuvo la victoria.
Se cubrió de triunfo como con una coraza,
se puso la salvación como un casco en la cabeza,
se vistió de venganza como con una túnica
y se envolvió de ira como con un manto.
El Señor dará a cada cual su merecido;
castigará a sus enemigos.
A quienes lo odian, les dará lo que se merecen;
aun a los que viven en los países del mar.
Todo el mundo, desde oriente hasta occidente,
respetará al Señor, al ver su majestad,
porque él vendrá como un río crecido
movido por un viento poderoso.

Lección 6

PERSONAS QUE CONVIVEN CON EL VIH Y EL SIDA

Sería útil que durante esta sesión esté presente un médico profesional conocedor del tema

1. La historia de Teodoro y María

Teodoro y María estaban felizmente casados y tenían cuatro hijos. Teodoro era agricultor, y un día la gente de su pueblo le pidió que tomara un curso sobre nuevos métodos agrícolas, que se dictaría en la capital. Se alegró de que lo hubieran escogido, y fue a hacer el curso que duraba cuatro meses.

Para el segundo mes, extrañaba tanto a su esposa que empezó a pasar mucho tiempo pensando en mujeres. Entre sus compañeros del curso, había hombres que no eran creyentes, y a menudo lo invitaban a salir por las noches. Hasta entonces, él se había rehusado, pero empezó a preocuparse cuando le dijeron que si un hombre no tenía relaciones sexuales, se volvía loco. Una noche la tentación y la soledad pudieron con él. Se fue a un bar con esos amigos, y terminó acostándose con una prostituta. Al día siguiente se sentía muy mal, y resolvió que nunca más volvería a hacerlo.

Terminado el curso, Teodoro regresó con su familia y continuó su rutina de vida. Después de dos años, María quedó embarazada. Al mismo tiempo Teodoro comenzó a sentirse mal. Al principio, solo se sentía cansado, y empezó a perder peso. Luego, sufría extrañas erupciones cutáneas, y tenía diarrea frecuente. Después de un tiempo fue a ver al médico, quien lo examinó y ordenó varios análisis de sangre. Por último, este lo citó en su consultorio, y le dio la triste noticia de que era VIH positivo. Además agregó que pudo haber infectado a su esposa e incluso al niño que estaba por nacer.

Una de las enfermeras del hospital oyó esto, y se lo contó a un pariente de María. Enterado el padre de ella, le dijo a su hija que tenía que dejar a Teodoro y volver al hogar paterno. Esta se rehusó, pero la presión de su familia empeoró la situación.

María fue al hospital para la prueba del VIH y halló que también era VIH positivo. Le dijeron que si tomaba algunas medicinas especiales durante el resto de su embarazo, era menos probable que el niño naciera con el virus. Así lo hizo, y su hijo nació sano. Sin embargo, María comenzó a sentirse enferma.

Teodoro y María se sentían sin esperanzas al pensar en el futuro de sus cinco hijos. Escucharon de algunos medicamentos especiales llamados antirretrovirales que les ayudarían a estar mejor por algunos años, pero lamentablemente no pudieron conseguirlos en su ciudad.

Tenían miedo de contarle a alguien su problema, porque a lo mejor podrían empezar a evadirlos. Pronto el problema fue demasiado para ellos, y se lo contaron a su pastor. En los meses siguientes, el pastor pasó mucho tiempo con ellos leyendo la Biblia y dialogando sobre quién podría cuidar de sus hijos. Cuando pudieron expresar su dolor, sintieron un alivio grande en sus corazones. Teodoro dedicó el resto de su vida a enseñar a niños y jóvenes sobre el SIDA para que no cometieran el mismo error que él había cometido.

✪ DIÁLOGO EN PEQUEÑOS GRUPOS

1. En su región, ¿les cuentan las personas a otras si saben que tienen VIH o SIDA? ¿Por qué sí o por qué no?
2. ¿Cómo trata la gente de su comunidad a los que tienen VIH o SIDA?

2. ¿Qué sabe sobre el VIH y el SIDA?

Lea en voz alta las preguntas a continuación y que cada persona escriba sus respuestas. Luego repase las respuestas correctas al final de la lección. Dialoguen para clarificar los errores. Vea cuánta gente tiene todas las respuestas correctas, cuántos erraron solo una, y así sucesivamente.

1. ¿Qué quieren decir las siglas SIDA?
2. ¿Qué quiere decir VIH?
3. ¿Cuáles son los tres fluidos corporales que pueden portar VIH?
4. ¿Cuál es la manera más frecuente por la cual las personas en todo el mundo se contagian con el VIH?
5. ¿Hay alguna cura para VIH o SIDA?
6. ¿Es posible contagiarse del VIH? Conteste cada pregunta con sí o no.
   a. ¿Al darle la mano a alguien infectado con el VIH?
   b. ¿Al recibir una inyección?
   c. ¿Al comer del mismo plato de un portador del VIH?
   d. ¿Al usar el mismo inodoro de un portador del VIH?
   e. ¿Al usar una hoja de afeitar que ha usado un portador del VIH?
   f. ¿Al tener relaciones sexuales con un portador del VIH?
   g. ¿Al abrazar a un portador del SIDA?
   h. ¿Al lavar sin guantes las llagas abiertas de un portador del SIDA?
7. ¿Es posible decir que alguien tiene VIH o SIDA solo al verlo?
8. ¿Cuál es la única manera segura de saber si alguien tiene el VIH?

3. ¿Cuáles son algunas falsas creencias que aumentan el contagio del VIH?

⚙ DIÁLOGO EN PEQUEÑOS GRUPOS

¿Qué otras creencias tiene la gente de su región en cuanto al contagio del SIDA? Busque a un médico o una enfermera para que les ayude a saber si esas creencias son o no verdaderas.

Algunas personas tienen creencias falsas sobre las relaciones sexuales, el VIH y el SIDA. Estas mentiras los inducen a no protegerse del VIH y del SIDA. Algunas de esas creencias erradas son:

- «El hombre que no tiene relaciones sexuales por un tiempo se vuelve loco o impotente». O, «los jóvenes necesitan tener relaciones sexuales para su desarrollo normal; además, ayudan al hombre a curarse de una enfermedad». Esto no es verdad. Los hombres no necesitan tener relaciones sexuales para su desarrollo normal, recuperarse de una enfermedad, conservar el juicio o seguir siendo fértiles. Jesús y Pablo eran célibes.

- «La mujer debe demostrar que es fértil antes del matrimonio». En la Biblia todas las relaciones sexuales fuera del matrimonio se consideran inmoralidad, y esto es pecado (Gálatas 5:18). Los hijos son una bendición, pero no son necesarios para un matrimonio cristiano (Génesis 2:18).

- «Si Satanás lo tienta a un pecado sexual, uno no puede resistirse». La Biblia dice: «*Resistan al diablo, y este huirá de ustedes*» (Santiago 4:7b DHH). Dios siempre brinda una salida para escapar a la tentación. 1 Corintios 10:13 dice: «*Ustedes no han pasado por ninguna tentación que otros no hayan tenido. Y pueden confiar en Dios, pues él no va a permitir que sufran más tentaciones de las que pueden soportar. Además, cuando vengan las tentaciones, Dios mismo les mostrará cómo vencerlas, y así podrán resistir*».

- «El VIH o el SIDA es una maldición de Dios», o «causa de la brujería». No hay ningún misterio en cuanto a cómo alguien se contagia: a través del contacto con sangre infectada o algunos fluidos corporales.

- «Una persona que le dice a otra que tiene VIH, está lanzándole una maldición, así que es mejor no decírselo a nadie». Esto resulta en que la persona infecta a otros sin saberlo. La gente debe tratar al VIH de la misma manera que cuando un tigre acecha en el pueblo. Deben gritar y advertir del peligro a los pobladores. ¡Nadie se quedaría callado si ve venir a un tigre!

4. ¿Cuáles son algunas costumbres o prácticas que aumentan el contagio del VIH?

⚙ DIÁLOGO EN PEQUEÑOS GRUPOS

¿Hay en su región otras costumbres o prácticas que aumentan el contagio del VIH? ¿Cuáles?

Algunas culturas tienen costumbres o ritos que hacen más propenso el contagio del VIH. Por ejemplo:

* Infidelidad en el matrimonio.
* La baja condición social de las mujeres, que les niega la libertad de tomar decisiones en cuanto a su sexualidad y salud reproductiva.
* Prácticas de iniciación en jóvenes para demostrar su masculinidad teniendo relaciones sexuales con prostitutas o mujeres de más edad.
* Usar agujas de inyecciones que han usado otros.
* La creencia que los condones son 100% seguros.

⚙ DIÁLOGO EN PEQUEÑOS GRUPOS

¿Qué se puede hacer en cuanto a estas costumbres?

5. ¿Cómo podemos enseñar a los niños acerca del sexo, el VIH y el SIDA?

⚙ DIÁLOGO EN PEQUEÑOS GRUPOS

¿Cómo aprenden los hijos lo relacionado al sexo? ¿Quién les enseña? ¿A qué edad ocurre esto?

La manera más probable en que un joven se contagie con el VIH es mediante la actividad sexual. La iglesia necesita enseñar a los profesores de educación sexual, sobre las verdades del VIH y el SIDA. La educación sexual debe empezar antes de que los jóvenes empiecen a tener relaciones sexuales o mucho antes, cuando los niños hacen preguntas. Hay muy buenos libros disponibles para enseñar a los niños en cuanto al sexo, el VIH y el SIDA.

El tener relaciones sexuales con muchas personas aumenta las posibilidades de contagiarse con el virus, y desagrada a Dios. Algunas agencias promueven el uso de preservativos, como una manera de evitar el VIH. Estos reducen la probabilidad de contagio, pero la abstinencia antes del matrimonio es la única manera, del todo segura, para no contagiarse con el VIH. También debe seguirse la enseñanza bíblica de reservar el sexo para el matrimonio. Esta enseñanza puede ser un reto a las prá ticas sexuales tradicionales. Los jóvenes necesitan ser animados para conservarse puros. El ejemplo de los adultos hablará más fuerte que cualquier instrucción.

Los jóvenes tienen abundante energía. Necesitan participar en buenas actividades. Si la iglesia los incluye en la atención a personas con SIDA, puede haber muchos beneficios.

- Hace que se sientan queridos y necesarios para la iglesia.
- Les ayuda a ver los peligros de contagiarse con el VIH.
- Les da algo bueno para hacer, de modo que es menos probable que hagan cosas malas.

Los adolescentes pueden realizar actividades para enseñar a otros en cuanto al VIH mediante dramas, cantos, presentaciones o estudios bíblicos. Pueden visitar a los enfermos y leerles las Escrituras o hacer cosas prácticas para ayudarlos, como llevarles agua o comida.

❂ DIÁLOGO EN PEQUEÑOS GRUPOS

1. ¿Hay en su iglesia algunas actividades útiles para que los jóvenes disfruten (10–20 años)?
2. ¿Qué puede hacer su iglesia para ayudar a los padres (u otras personas apropiadas) a enseñar a los jóvenes en cuanto al VIH y las relaciones sexuales?
3. ¿Cómo podrían ayudar los jóvenes de su iglesia a que otros eviten el VIH? ¿Cómo podrían servir a las personas que viven con el VIH o el SIDA?

6. ¿Cómo puede la iglesia ayudar a una persona que vive con el VIH o el SIDA?

Las iglesias necesitan entrenar a un grupo de personas para que ayuden a los que tienen VIH o SIDA. A menudo estos van de dos en dos. Las personas que viven con el SIDA necesitan ayuda en todo aspecto de su vida.

A. Hábleles de Jesús y de la Biblia

Los que ayudan deben leer la Biblia, orar y cantar con el enfermo y su familia. Si el enfermo es creyente, recibirá mucho consuelo al oír hablar del cielo. Si no es creyente, a menudo hay buena disposición para oír cómo puede recibir perdón de sus pecados, y del don gratuito de la vida eterna.

Conforme el enfermo empiece a confiar en el que viene a ayudarlo, puede expresarle cómo se siente con relación a su vida y su enfermedad. También es importante que el enfermo sepa que puede decirle a Dios con franqueza lo que siente. El Salmo 38, en el que David le expresa a Dios sus sentimientos reales cuando estaba enfermo, es un modelo. Tal vez ellos quieran escribir sus propios lamentos (Véase Lección 3, Ejercicio de lamentos).

B. Ayúdeles a que les hablen a otros de su enfermedad

Con frecuencia, los individuos quieren esconder que son VIH positivo. Esto no ayuda ni al enfermo ni a la comunidad. Si no dicen la razón real por la que están enfermos, la gente puede acusar por error a otros de haber producido la enfermedad por una maldición o brujería. Se requiere que la persona sea valiente para ser la primera en reconocer públicamente que tiene el VIH o el SIDA. Esta actitud puede ayudar a otros a hacer lo mismo. Es un paso muy necesario para ayudar a la comunidad «a atrapar al tigre».

Toda persona necesita saber cómo se transmite el VIH. Y es también importante saber que uno no se contagia tocando a un enfermo, comiendo con ellos o atendiéndolos en sus necesidades.

C. No se los debe excluir de sus familias o amigos

¡Toda persona necesita de los demás! A veces los amigos e incluso la familia rechazan a aquellos que viven con el VIH o SIDA. La iglesia necesita ayudarle a la comunidad a aceptar a estos enfermos, y a no tener temor de ellos. Los que viven con SIDA pueden apoyarse unos a otros, reuniéndose y hablando de sus experiencias. La iglesia puede ayudarles a coordinar dichas reuniones.

D. Ayúdeles a entender el procesamiento del duelo

Cuando alguien tiene una enfermedad que puede ser fatal, a menudo atraviesa etapas similares a las que suceden cuando experimentamos una pérdida: ira y negación, depresión y, después, aceptación. Los que ayudan a estos enfermos necesitan saber que es normal que al principio sientan ira. A lo mejor también nieguen que tengan VIH. Un estado de depresión suele ser común en estos casos. Es probable que pasen algunos meses antes de que quieran aceptar su situación. O traten de regatear con Dios, prometiendo ciertas conductas a cambio de recuperar la salud. El buen ayudador será paciente con ellos mientras atraviesan estas etapas.

E. Cuidado físico

Digamos que dos personas se contagian del VIH, una tal vez viva seis años, y la otra a lo mejor seis meses. Esto se debe en parte al bienestar físico general del individuo, pero también a su actitud sobre la enfermedad y el cuidado que recibe. Las personas que realizan actividades, vivirán más tiempo que las que no hacen nada. Así que es bueno dar a la persona viviendo con SIDA alguna tarea para ayudar a la familia: aprender a coser, criar animales o participar de alguna ocupación que no requiera demasiada fuerza. Asimismo, el alimentarse regular y sanamente ayudará a luchar contra la enfermedad. Es muy importante que el enfermo coma abundantes frutas y verduras, a fin de obtener las vitaminas necesarias para mantener saludable su cuerpo. También necesita mucho descanso; y no puede fumar ni beber alcohol. En algunos lugares, pueden haber medicamentos antivirales disponibles que son de mucha ayuda. Si es así, necesitan seguir al pie de la letra las instrucciones del médico sobre cómo tomarlas; de no ser así, puede hacerles más daño que bien.

La iglesia debe asistir a los huérfanos cuyos padres han muerto de SIDA y a quienes han quedado en estado de viudez, que tal vez son también VIH positivos. Santiago 1:27: «*La religión pura y sin mancha delante de Dios el Padre es esta: ayudar a los huérfanos y a las viudas en sus aflicciones...*» (DHH). También, debe ayudar a las prostitutas a buscar otra manera de ganarse la vida.

ACTIVIDAD DE CLAUSURA

1. Estudien 1 Corintios 6:13b–20. ¿Por qué el creyente debe huir de la inmoralidad sexual?

2. Lean los siguientes pasajes bíblicos. ¿Qué enseñan estos pasajes sobre la visita a los enfermos?

    2 Corintios 1:3–5   1 Corintios 13:3–8
    2 Corintios 5:16–20   Mateo 25:35–40

3. ¿Tienen ustedes personas entrenadas para visitar a los enfermos, o se espera que solo el líder religioso haga esto?

4. ¿Se cubren los cinco aspectos antes mencionados cuando visitan a los enfermos? Si no, ¿cómo se puede cambiar esto?

5. Después de estudiar esta lección, ¿qué le gustaría empezar a hacer en su iglesia?

Respuestas a la prueba

1. Síndrome de inmunodeficiencia adquirida.
2. Virus de inmunodeficiencia humana.
3. Sangre, fluidos de órganos sexuales y la leche materna.
4. Tener relaciones sexuales sin ninguna protección.
5. No. Medicamentos antirretrovirales solo reducen el crecimiento del VIH, pero no lo cura.
6. a. No; b. Sí; c. No; d. No; e. Sí; f. Sí; g. No; h. Sí.
7. No.
8. Análisis de sangre en un laboratorio.

Lección 6A

EL ABUSO DOMÉSTICO

1. Ana deja a David

«¡Debes dejarlo!» —dijo María mientras vendaba el brazo de su vecina Ana a quien su esposo había golpeado una vez más.

Ana tenía tres años de casada. Durante el primer año de matrimonio, Ana y David fueron felices. Ambos eran cristianos. David se había convertido después de una infancia y juventud difíciles; cuando era niño había visto cómo su padre golpeaba a menudo a su madre. Los problemas empezaron para Ana y David cuando, al mismo tiempo, Ana dio a luz a un bebito que lloraba sin parar, y David perdió el empleo.

Ante estos problemas, David tomó la mala decisión de pasarse los días bebiendo con sus amigos. Cada vez que llegaba a casa, Ana percibía un fuerte olor a perfume en la ropa de David, y él reventaba a gritos que se hacían más y más fuertes con cada día que pasaba sin que pudiera conseguir empleo. Ana procuraba agradar a David, pero solo lograba que él se irritara más. Había poco dinero para comprar alimentos así que Ana se buscó un trabajo de medio tiempo y consiguió a alguien que cuidara a su hijito, pero las cosas solo empeoraron. David le decía que era mala esposa y madre.

Una noche, David llegó borracho y la golpeó tan fuerte que al empujarla contra la mesa le fracturó el brazo. David estuvo desesperado mientras la llevaba al hospital. Repetía una y otra vez: —«¡No era mi intención hacer eso! ¡Perdóname, por favor, no le digas al médico!»— Ana aún amaba a David y pensó que a lo mejor ahora cambiaría, así que le dijo al médico que se había tropezado y caído en la calle.

Durante algunas semanas David no golpeó a Ana, pero expresaba su enojo con palabras duras. Le decía: «Eres tan tonta. Ni siquiera sabes cuidar bien al bebé». Ana empezó a pensar que quizá debía dejar a David por el bien del niño, pero luego se decía: «¿Cómo voy a vivir sin David? Soy demasiado tonta. ¿Cómo voy a ganar el dinero suficiente para sobrevivir? Además, en la iglesia dicen que las esposas debemos someternos a nuestros esposos, porque ellos son la cabeza del hogar». Mientras pensaba estas cosas, llegaba David y le pedía disculpas por haberle gritado y se reconciliaban. Ana esperaba con ansias esos breves momentos.

Poco tiempo después, David llegó a la casa borracho de nuevo. El bebé estaba llorando cuando entró David. Primero golpeó a Ana, luego dijo: «¡Este bebé fastidioso!» Agarró al pequeño y le pegó. El bebé se puso a gritar. Ana agarró al bebé y salió corriendo. David la siguió, dando gritos. Ana tocó con fuerza la puerta de María y, apenas María abrió la puerta. Ana entró de prisa. Alcanzó a decir: «¡No permitas que entre David!» El esposo de María aseguró la puerta, mientras David intentaba derribarla. Después de algunos minutos se dio por vencido y regresó a su propia casa, pateando por el camino al perro.

¡Por fin llegó el momento en que Ana se hartó! María sugirió que podía llamar a una bondadosa anciana de la iglesia para preguntarle si Ana podría hospedarse con ella por algún tiempo. Ana aceptó la sugerencia. María hizo la llamada, la dama aceptó acogerla en ese mismo momento así que el esposo de María llevó a Ana y al bebé a esa casa. María también sugirió llamar a la esposa del pastor para pedirle que visitara a Ana el día siguiente y Ana también aceptó esa sugerencia.

Al día siguiente, fue la esposa del pastor para hablar con Ana y hablaron por un buen rato. Al final, la esposa del pastor le dijo a Ana que ella no podía asumir sola la responsabilidad de hacer que funcione su matrimonio, porque David no había cumplido los votos que tomó al casarse. Él había prometido amarla y cuidarla, y era evidente que no lo hacía. Le leyó el pasaje de Efesios 5 donde se ve que no solo las esposas deben estar sujetas a sus esposos, sino que los esposos deben amar a sus esposas como Cristo amó a la iglesia y dio su vida por ella. Esto fue como un suave ungüento para el corazón de Ana.

La esposa del pastor siguió reuniéndose con Ana, escuchándola y ayudándole a entender que ella no tenía la culpa del abuso, ¡y que no era tonta! La iglesia ayudó a que Ana encontrara un lugar donde vivir con el bebé. Ana pudo aumentar las horas que trabajaba y así cubrir sus gastos. Llegó una noche en que David la llamó; Ana empezó a tener dudas: «¿Será que vuelvo con él?»

⚙ DIÁLOGO EN PEQUEÑOS GRUPOS

1. ¿Por qué cree que David maltrataba a Ana?
2. ¿Por qué cree que Ana siguió con David, a pesar de la violencia y el abuso?
3. ¿Qué ayudó a que Ana saliera de la situación de abuso?
4. ¿Qué tan serio es el problema del abuso doméstico en su comunidad o familia?

2. ¿Qué es el abuso doméstico?

El abuso doméstico es un patrón de comportamiento en el que una persona trata de controlar a otro miembro de la familia. Puede haber abuso hacia personas mayores, el esposo o la esposa, los hermanos o los hijos, y se puede manifestar de diversas maneras:

- **Físico:** golpear, estrangular, tirar cosas, patear, entre muchas otras.
- **Verbal:** decirle a la víctima que es inútil, que no sabe hacer nada bien, entre otros insultos.
- **Emocional:** hacer que la víctima viva atemorizada, aislada de otras personas.
- **Sexual:** obligar a la víctima a tener relaciones sexuales.
- **Económico:** no permitir que la víctima tenga dinero, comida, educación, ayuda médica, por mencionar algunos.

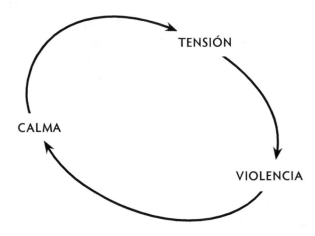

Todas las familias tienen conflictos, pero cuando existen conductas de control y de manipulación, se denomina abuso doméstico. El abuso se da en un ciclo predecible: tensión, violencia, calma; tensión, violencia, calma... El ciclo se puede repetir a diario o quizá en ciertos días, como por ejemplo los fines de semana. Con el paso del tiempo, la víctima siente que no puede vivir sin el abusador y vive esperanzada en que lleguen los momentos de calma y de reconciliación. Incluso cuando la víctima deja al abusador, con frecuencia regresa de nuevo a él.

✪ ACTIVIDAD: ¿VERDADERO O FALSO?

Lea estas afirmaciones en voz alta y que cada persona anote su respuesta. Luego repase cada afirmación y dialoguen al respecto.

1. La violencia en el hogar es un asunto privado de la familia.
2. El alcohol y las drogas son las principales causas del abuso doméstico.
3. A veces el uso de la fuerza es bueno.
4. Si la víctima de verdad se esforzara, el abuso se evitaría.
5. Con frecuencia, el abuso se detiene sin la ayuda de otras personas.
6. Si una persona es violenta para con su pareja, será violenta para con otros (Respuestas al final de la lección).

3. ¿Qué dice su cultura y qué dice la Biblia acerca del abuso doméstico?

✪ DIÁLOGO EN PEQUEÑOS GRUPOS

1. ¿Qué enseña su cultura acerca del abuso doméstico? ¿Tiene usted algo que decir al respecto? Por ejemplo: «más te pego, más te quiero» o «quien te hace llorar es quien te quiere».
2. Busque estos versículos y compárelos con lo que enseña su cultura acerca del abuso doméstico:

   1 Pedro 3:7   1 Corintios 13:4–7
   Génesis 1:26–27   Colosenses 3:19
   Efesios 5:21–30   Efesios 4:29–32

3. ¿Hay pasajes de las Escrituras que las personas en su comunidad usan para justificar el abuso doméstico? Si los usan,
   ¿cuáles son, y qué dicen? ¡Asegúrese de leer el pasaje completo!

Dios creó a todas las personas a su imagen y por eso debemos tratar
a todos con respeto. La exigencia para los esposos es muy alta: deben
amar a sus esposas como Cristo amó a la iglesia.

Cuando las personas se casan, prometen amarse y cuidarse. Si una
persona comete abuso contra su esposo o esposa, no está cumpliendo
esa promesa. La otra persona no puede arreglar la relación por sí sola.

4. ¿Por qué continúa el abuso doméstico?

⚙ DIÁLOGO EN PEQUEÑOS GRUPOS

Resuma los motivos mencionados por los que las personas abu-
san de miembros de su familia, y luego agregue los suyos propios.

Obtenga respuestas e ideas de todo el grupo y luego añada lo que no
se haya dicho de los puntos enumerados a continuación: Los abusadores pueden...

- haber crecido en un hogar en el que había violencia doméstica y no saben llevar relaciones sanas en familia.
- creer que es aceptable golpear a los miembros de su familia. Es posible que la cultura o la religión enseñe esto.
- sentirse impotentes en su vida, pero poderosos cuando golpean a otra persona.
- sentirse celosos e inseguros en su matrimonio, temiendo que su esposo o esposa los dejaría si pudiera hacerlo.
- echar la culpa de sus acciones a otros.

El alcohol, las drogas, y otros factores de estrés en la vida pueden facilitar el abuso, pero no son la causa de fondo.

✪ DIÁLOGO EN PEQUEÑOS GRUPOS

Resuma los motivos mencionados por los que las personas permanecen en relaciones en las que son abusadas, y luego agregue los suyos propios.

Obtenga respuestas e ideas de todo el grupo y luego añada lo que no se haya dicho de los puntos enumerados a continuación: Las víctimas de abuso pueden...

- depender del abusador para sus ingresos y pensar que no pueden sobrevivir económicamente sin él o ella.
- creer que no pueden sobrevivir emocionalmente solos. El abuso los humilla a tal punto que creen que no merecen respeto.
- creer que es normal recibir golpes, amenazas o insultos, y que es incorrecto dejar a su esposo o esposa.
- tener miedo de las consecuencias de hacerle frente al abusador.
- sentir vergüenza de decirle a alguien lo que pasa en su casa. Esto se da más aún si en la iglesia se da a entender que ningún cristiano debe tener este problema.
- amar de verdad al abusador.

5. ¿Cómo podemos ayudar a las víctimas del abuso doméstico?

¿Qué ayuda se les puede dar a las víctimas del abuso doméstico? Si usted es una víctima del abuso doméstico, ¿qué es lo que más le ha ayudado?

Obtenga respuestas e ideas de todo el grupo y luego añada lo que no se haya dicho de los puntos enumerados a continuación:

- *Escuchar:* Las víctimas necesitan poder hablar con alguien, pero esto les puede resultar difícil porque los abusadores con frecuencia aíslan a sus víctimas y no les permiten el contacto con otros.

- *Evitar la consejería matrimonial:* No recomiende que ambos asistan juntos a ver a un consejero porque con frecuencia los abusadores son amables en presencia del consejero y luego descargan su enojo contra la víctima cuando vuelven a casa.

- *¿Por qué quedarse?* Pregunte a las víctimas: «¿Por qué te quedas en esta relación?» No les presione para que abandonen la relación, pero hable de los aspectos negativos y positivos de la relación. Ayúdelas a reconocer el ciclo de abuso. A veces las ilustraciones son más útiles que la lógica. Por ejemplo, explique lo que hacen los domadores de elefantes: El domador sujeta al elefante con una cadena en la pierna que está atada a una estaca en el suelo. El elefante aprende que no puede ir a ningún lado. Llega el momento en el que el domador quita la cadena, pero el elefante ni siquiera intenta escapar porque piensa que sigue encadenado. Las víctimas pueden llegar a pensar así, que no pueden dejar a sus abusadores cuando en realidad pueden ser libres.

- *Ver los efectos:* Las víctimas deben ver los efectos que tiene la violencia en ellos mismos y en su familia. Si hay valores religiosos o culturales que animan a la víctima a que permanezca en una relación de abuso, deben ser confrontados.

- *No es su culpa:* Ayude a las víctimas a que entiendan que el abuso no es su culpa; es culpa del abusador. Dios ve lo que sucede (Salmo 10). Solo el abusador puede cambiar su comportamiento.

- *Establecer límites:* Lo que sí pueden hacer las víctimas es establecer límites de lo que tolerarán, como por ejemplo: «Si vuelves a hacerles daño a los niños, buscaré ayuda» o «nos iremos». Luego pueden practicar sus respuestas para que estén preparadas.

- *Tener un plan:* Deben preparar un plan para salir de la relación. Con frecuencia es más seguro irse cuando las cosas están tranquilas, y no en medio de una crisis. Necesitan poder ir a un lugar donde el abusador no los encuentre. Necesitan ayuda práctica, como por ejemplo, conseguir un empleo; y ayuda legal. Es posible que se vayan varias veces y vuelvan, antes de irse del todo.

- *Sanar las heridas del corazón:* Las víctimas necesitan sanar las heridas de su corazón y, con el tiempo, poder perdonar a sus abusadores. Pero tomará tiempo restaurar la confianza que fue abusada.

✪ **DIÁLOGO EN GRUPOS PEQUEÑOS**

¿Cuál es para usted la parte más difícil del abuso doméstico?

6. ¿Cómo podemos ayudar a los abusadores?

- En primer lugar, ayudarles a reconocer que tienen un problema. Se han engañado a sí mismos y le han echado la culpa a los demás.
- Ayudarles a llegar a la raíz de sus problemas y sanarlas.

- Ayudarles a identificar las cosas que son detonantes de su comportamiento abusivo y enseñarles mejores maneras de reaccionar.
- Si consumen drogas o alcohol, deben dejar de hacerlo. Pueden ser útiles los grupos de apoyo.
- Deben pedirle a Dios perdón por lo que han hecho y deben perdonarse a sí mismos.
- Deben pedir a su víctima que les perdone, declarando con honestidad lo que han hecho y asumiendo responsabilidad de ello. Esto no debe estar vinculado a la posibilidad de que la víctima vuelva.

ACTIVIDAD DE CLAUSURA

¿Qué ha hecho su iglesia para estar lista para ayudar a las víctimas del abuso doméstico? ¿Qué más se podría hacer?

Respuestas del ejercicio

Todas las afirmaciones son falsas.

1. *La violencia en el hogar es un asunto privado de la familia*
   La violencia doméstica es un pecado, y como tal se debe sacar a la luz para ser tratado; de lo contrario se agrava y crece. En muchos países el abuso doméstico es un crimen. La iglesia debe proteger a las personas maltratadas y vulnerables.

2. *El alcohol y las drogas son las principales causas del abuso doméstico*
   Las personas pueden abusar de su pareja sin haber consumido nunca el alcohol o las drogas, pero el consumo de estas facilita el abuso; es como echarle querosene al carbón para prender un fuego. El no saber controlar la ira tampoco es la causa principal, pero contribuye al problema. La principal causa del abuso doméstico es el deseo de controlar e intimidar a otros porque la persona internamente está fuera de control. Esto con frecuencia se debe a cosas que sucedieron durante su niñez.

3. A veces el uso de la fuerza es bueno

A veces las personas recurren a la fuerza para someter a sus esposos o hijos. La carta a los Efesios 6:4 dice: *«Y ustedes, padres, no hagan enojar a sus hijos. Más bien edúquenlos y denles enseñanzas cristianas»*, y la carta a los Colosenses: *«Y ustedes los esposos deben amar a sus esposas y no ser groseros ni duros con ellas»* (3:19). Los golpes pueden hacer que alguien obedezca, pero este método está basado en el miedo y hace que el hogar no sea un lugar seguro. Abusar de alguien es hacer que la persona se sienta humillada y menospreciada, y es impedirle que llegue a ser la persona maravillosa que Dios quiso que fuera cuando la creó.

4. Si la víctima se esforzara de verdad, el abuso se evitaría

Solo el abusador puede detener el abuso. Nadie puede hacer que se detenga. El abusador es responsable de sus acciones (Mateo 15:18–19) pero con frecuencia culpa a otros.

5. Con frecuencia, el abuso se detiene sin la ayuda de otras personas

Los abusadores deben hacer frente a sus problemas personales para que se detenga el abuso; por lo general no podrán lograr eso sin ayuda. Las personas no se desprenden del poder con facilidad. Incluso si se detiene el abuso físico, el abusador puede seguir controlando a su víctima sin estallar en cólera o ser violento. Puede bastar una cierta mirada o una tosecilla.

6. Si una persona es violenta para con su pareja, será violenta para con otros

Los abusadores saben ser muy amables en público. Hay personas que aparentan ser normales y exitosas pero son abusadores de su pareja. Por lo general no es posible distinguir a un abusador de entre otras personas. Por ejemplo, no era evidente que Judas fuera traidor.

Lección 6B

EL SUICIDIO

1. Rubí

Estrella esperó toda la tarde a que Rubí, su amiga, fuera al centro para pasar la tarde juntas, como lo hacían siempre; pero esta vez, no llegó. Para ir a su casa, Estrella debía pasar por la casa de Rubí, así que decidió tocar la puerta para ver por qué su amiga no había venido en la tarde. Al acercarse a la casa, vio que había muchos autos. Casi siguió de largo, pero decidió por lo menos decirle «Buenas noches» a su amiga. Al estar más cerca de la puerta, escuchó que adentro había gente que lloraba. En realidad, era más que llorar, eran como los gemidos que se hacen cuando alguien muere. Al escucharlos, Estrella sintió un escalofrío de pies a cabeza, «alguien ha muerto» —se dijo a sí misma.

Tocó la puerta tratando de controlar sus nervios y el hermano de Rubí la abrió. Estrella entró y la abuela de Rubí se le tiró a sus brazos, «¡Se fue mi Rubí! —decía llorando— ¡Rubí se fue!» Estrella sintió como si recibiera un golpe en todo el cuerpo y lloró con la abuela por unos minutos. Luego escuchó lo que había pasado: Rubí se había suicidado tomando una sobredosis de pastillas contra el dolor. ¡No lo podía creer!

Estrella asistió al entierro, pero no le parecía real. Durante semanas sentía que la vida no tenía sentido. Perdió el apetito. Bajaron sus notas en el colegio. Demoraba para dormirse, y cuando dormía, con frecuencia tenía pesadillas. Pero una noche soñó que Rubí vino a decirle cuánto la amaba. La gente tenía la costumbre de ir a visitar el hogar de la persona que había muerto, pero Estrella evitaba ver a los parientes de Rubí.

Un día, la abuela de Estrella le pidió que se sentara con ella un rato a la sombra de un árbol que había en el jardín. Estuvieron durante varios minutos en silencio, luego la abuela empezó a acariciar el cabello de Estrella.

«Estrella —le dijo— ya han pasado varias semanas desde que se fue tu amiga. Al principio tenía miedo que tú también quisieras irte con ella, pero ahora pareces una persona muerta entre los vivos. ¿Cuándo piensas volver?» Tomó en sus manos la delgada muñeca de Estrella. Estrella respondió, «Abuela, ¿por qué? ¿Por qué lo hizo? Yo no sabía que ella se sentía así. No la ayudé. ¡No pude salvar a mi amiga, Abuela!» Su abuela le dijo: «Llora, cariño. Quizá nunca sepamos por qué Rubí decidió hacerlo. No fue culpa tuya. Rubí tomó su decisión, así como nosotros también tomamos nuestras decisiones». Estrella lloró y lloró, como si a través de sus lágrimas saliera un mar de tristeza que llevaba dentro. Su abuela le dijo: «Cuando quieras, ven a verme».

Estrella empezó a visitar bastante a su abuela. Conversaban y lloraban juntas. Cocinaban y jugaban. Poco a poco, Estrella empezó a reír de nuevo. Pasaron como dos años y, cada vez que Estrella pensaba en Rubí, ya no lo hacía con las imágenes de su muerte sino que recordaba que había sido una maravillosa amiga.

 DIÁLOGO EN PEQUEÑOS GRUPOS

1. ¿Quién fue responsable de que Rubí se suicidara? ¿Quién se sintió responsable? ¿Por qué?
2. ¿Cómo afectó el suicidio de Rubí a Estrella? ¿Cómo afectó a sus seres queridos?
3. ¿Cómo le ayudó la abuela a Estrella?

2. ¿Por qué las personas se suicidan?

El suicidio significa el acto de quitarse la vida a propósito. Sucede en todas las sociedades y a todo tipo de personas: jóvenes y adultos, hombres y mujeres. Se puede llevar a cabo de muchas maneras, pero siempre se hace a propósito.

 DIÁLOGO CON TODO EL GRUPO

¿Por qué las personas se suicidan?

Obtenga las opiniones de todo el grupo y luego añada lo que no se haya dicho de los puntos enumerados a continuación:

Cada caso es distinto, pero con frecuencia las personas se suicidan cuando han perdido toda esperanza. A veces, dan la impresión de ser felices y se relacionan bien con sus amigos y familiares, pero por dentro sienten un gran dolor o, tal vez, están escondiendo algo que les causa tanta vergüenza que no se atreven a decírselo a nadie. Algunas personas se suicidan porque creen que esa es la única manera de acabar con el dolor. Mientras otros creen que sus seres queridos estarán mejor si ellos no están. Pero, también, hay personas que se suicidan para castigar a los que les rodean.

Un suicidio puede conllevar a que otra persona se suicide. Las personas que ya han intentado suicidarse o que tienen un pariente que se ha suicidado son más propensas a suicidarse.

3. Personas desesperadas en la Biblia

⚙ DIÁLOGO EN PEQUEÑOS GRUPOS

Que cada grupo pequeño lea uno de los siguientes pasajes sobre personas que vivían en situaciones difíciles. Dialoguen acerca de lo que saben de los personajes principales. ¿Cómo se sentían? ¿Qué hicieron?

Abimelec: Jueces 9:50–54
Sansón: Jueces 16:23–30; Hebreos 11:32–34
Saúl y su escudero: 1 Samuel 31:1–5
Ahitófel: 2 Samuel 17:1–7, 14, 23
Elías: 1 Reyes 19:1–4
Job: Job 3:11–14
Jonás: Jonás 4:1–3
El carcelero de Filipos: Hechos 16:25–28

Muchas personas de la Biblia estaban en un grado tal de desesperación, que se desearon la muerte. Incluso algunos cometieron suicidio. Sansón por ejemplo, como último acto, se mató a sí mismo junto con tres filisteos. Es un motivo de gran esperanza para nosotros el saber que, sin embargo, su nombre aparece como modelo de fe que complace a Dios (Hebreos 11:6). El apóstol Pablo escribió que nada, ni siquiera la muerte, puede separarnos del amor de Dios: «Yo estoy seguro de que nada podrá separarnos del amor de Dios: ni la vida ni la muerte, ni los ángeles ni los espíritus, ni lo presente ni lo futuro, ni los poderes del cielo ni los del infierno, ni nada de lo creado por Dios. ¡Nada, absolutamente nada, podrá separarnos del amor que Dios nos ha mostrado por medio de nuestro Señor Jesucristo!» (Romanos 8:38–39).

4. Algunas señales que alertan sobre el suicidio

Algunas veces, las personas dan indicios de que están considerando el suicidio.

✪ DIÁLOGO EN PEQUEÑOS GRUPOS

> Según su opinión, ¿cuáles indicios pudiera delatar a una persona que está pensando en suicidarse?

Obtenga las opiniones de todo el grupo y luego añada lo que no se haya dicho de los puntos enumerados a continuación:

- Puede parecer demasiado distraído y se aísla de las demás personas.
- Puede mencionar que desea morir o decir cosas como: «¿Qué sentido tiene seguir viviendo?», o «¡Pronto no tendrán que preocuparse por mí!».
- Puede regalar algo que era muy valioso o importante para él.
- Cambios constantes de humor: a veces se sienten deprimidos; a veces, felices, sin razón aparente.
- Puede dejar de cuidarse a sí mismo.

No todos los que consideran el suicidio presentan estos indicios, pero si lo hacen, deles la importancia debida.

5. ¿Cómo podemos ayudar a las personas que piensan en suicidarse?

✪ DIÁLOGO EN PEQUEÑOS GRUPOS

1. ¿Cómo tratan las personas en su comunidad a una persona que intenta suicidarse? ¿Cree que esas reacciones lo ayudan o lo perjudican?
2. ¿Cómo podemos ayudar a las personas que piensan en suicidarse?

Obtenga las opiniones de todo el grupo y luego añada lo que no se haya dicho de los puntos enumerados a continuación:

- No evite hablar del suicidio solo por temor a ofender a la persona o por miedo a plantar en ellos la idea. Averigüe qué tan en serio ha considerado la idea del suicidio: ¿Ha hecho un plan?, ¿se ha preparado?, ¿lo ha ensayado?, ¿ha pensado en los efectos que su acción tendrá en otras personas? Si está contemplando en serio el suicidio, remueva de su entorno cualquier medio que pueda utilizar para suicidarse: los medicamentos, las sogas, las armas de fuego, cualquier cosa que pueda ser usada para tal fin. No la deje a solas.

- Acompáñela y escúchela. En vez de dar sermones, es mejor hacer preguntas que la ayuden a expresar lo que siente. Llorar es bueno. Ayude a que desahogue su dolor y exprese su enojo.

- Invítela a que se imagine que la situación ha mejorado, luego pregunte: ¿Qué es lo que hace que sea mejor?

- Explore las razones que hasta ahora han evitado que se suicide. Use estas ideas como base para aumentar su esperanza. Por ejemplo, si a una mamá le preocupa el futuro de su hijo, en la conversación se le puede ayudar a ver cuánto su hijo la necesita.

- Averigüe lo que ya ha intentado hacer para solucionar el problema y ayúdele a pensar en nuevas opciones que la persona puede intentar.

- Recuérdele que otras personas se han encontrado en situaciones similares y que hay otras salidas. El apóstol Pablo escribió: «*Ustedes no han pasado por ninguna tentación que otros no hayan tenido. Y pueden confiar en Dios, pues él no va a permitir que sufran más tentaciones de las que pueden soportar. Además, cuando vengan las tentaciones, Dios mismo les mostrará cómo vencerlas, y así podrán resistir*» (1 Corintios 10:13).
- Coordine programas de concientización sobre el suicidio en las escuelas, una línea de atención o un lugar al que estas personas puedan acudir en busca de ayuda o consejería profesional.
- Es posible que los medicamentos ayuden contra la depresión. Si ya está tomando medicamentos, anímela a que lo siga haciendo.
- Ayúdele a establecer mejores relaciones con los demás. Puede sanar sus heridas mientras cuenta su historia y se reconecta con otros. Aunque reciba ayuda profesional, necesita también la ayuda de sus amigos y seres queridos.

6. ¿Cómo podemos ayudar a los seres queridos de una persona que se ha suicidado?

Toda muerte y pérdida es dolorosa, pero cuando un ser querido se suicida, el dolor suele ser más fuerte. Las personas pueden sentir que su vida está dividida entre un «antes del suicidio» y un «después del suicidio».

Los seres queridos pueden sentirse:
- culpables de que no pudieron evitar que la persona se suicidara.
- molestos con la persona por haberse quitado la vida.
- muy tristes por una vida que quedó truncada.
- avergonzados, y más si la comunidad los trata con desprecio. Por ejemplo, hay comunidades donde el funeral de una persona que se ha suicidado es diferente al de las demás personas.
- que necesitan entender el porqué del suicidio.
- temerosos de que sucedan más cosas malas y de no poder confiar en otras personas.

✪ DIÁLOGO EN PEQUEÑOS GRUPOS

1. En su comunidad, ¿cómo son tratados los seres queridos de una persona que cometió suicidio? ¿En qué ayuda o perjudica ese trato?

2. ¿Cómo podemos ayudar a los seres queridos de una persona que cometió suicidio?

Obtenga las opiniones de todo el grupo y luego añada lo que no se haya dicho de los puntos enumerados a continuación.

Maneras de ayudar:

- Ayude con las necesidades materiales.
- Provea servicios funerarios normales para las personas que cometen suicidio.
- Dedíqueles tiempo.
- Hable con franqueza del tema del suicidio sin avergonzarlos.
- Escúcheles. Use las tres preguntas: «¿Qué sucedió?», «¿cómo se sintió?», «¿qué fue lo más difícil para usted?»
- Ayúdeles a darse cuenta que no son responsables de lo que pasó.
- Ayúdeles a aceptar que quizá nunca entenderán por qué la persona lo hizo. No hay respuestas simples sobre el por qué una persona se suicida.
- Ayúdeles a recordar la vida de la persona, no la manera en la que murieron.

ACTIVIDAD DE CLAUSURA

---

1. Si usted ha tenido un ser querido que cometió suicidio, escriba una carta dirigida a esa persona diciéndole lo que le hubiera gustado decirle.

2. En grupos pequeños, lean Lamentaciones 3:19–23 y Mateo 11:28–29. Dialoguen acerca de cómo estos pasajes pueden servir de consuelo para las personas que están pensando en suicidarse o para los seres queridos de una persona que se ha suicidado. Luego ore por las personas en su comunidad que se ven afectadas por el suicidio.

LAS ADICCIONES

1. ¡El último y nos vamos!

«Solo una cerveza más», pensó Daniel, sentado con sus compañeros de trabajo. Todos los viernes, al salir del trabajo, iban juntos al bar que quedaba más cerca. Su esposa Cecilia le había pedido que llegara a casa a las seis porque Miguel, su hijo de doce años, iba a jugar su primer partido como miembro del equipo del colegio. «Iré a un bar cerca del colegio —pensó Daniel, y después agregó— Cecilia sabe lo mucho que trabajo, claro que no me va a hacer problema» y no llegó al partido.

Pasaron cinco años. Miguel ya tenía diecisiete años y estaba orgulloso de haber llegado al campeonato nacional inter-escolar. No obstante, sabía que no tenía sentido buscar a su papá en la tribuna. Habían pasado demasiados años y demasiados partidos a los que Daniel no había asistido. «Mejor ni siquiera pienso en él», se dijo Miguel al anotar el gol con el que su colegio ganó el campeonato.

Después del partido, Miguel y Cecilia regresaron a casa. Encontraron a Daniel dormido en el sofá. En el piso había varias botellas de cerveza vacías. Miguel fue directo a su cuarto. Cecilia empezó a recoger las botellas. Miguel tiró la puerta de su cuarto y el golpe hizo que su padre se despertara.

Poco después, escuchó que sus padres volvían a discutir sobre el mismo tema que había escuchado durante años. «¡Sabías que hoy era el campeonato nacional! ¿Cómo pudiste perderte el partido?»

«Lo siento, Cecilia. Pensé tomarme una siestita y se me pasó la hora», dijo Daniel.

«¿Y las botellas? —gritó Cecilia— Me prometiste que dejarías de tomar… y hacía un mes que ya no tomabas».

«Lo sé, Cecilia, pero sabes lo duro que es mi trabajo a veces —contestó Daniel— necesitaba relajarme. Compré solo cuatro botellas. Tenía toda la intención de ir al partido. No volverá a suceder»... No hubo respuesta, sino el estruendo de la puerta cuando Cecilia partió.

⊛ DIÁLOGO EN PEQUEÑOS GRUPOS

1. ¿Qué problema tenía Daniel?
2. ¿Cómo afectaba este problema a Cecilia? ¿Cómo afectaba este problema a Miguel?
3. Mencione algunas de las cosas a las que pueden ser adictas las personas.

Obtenga las opiniones de todo el grupo y luego añada lo que no se haya dicho de los puntos enumerados a continuación:

Entre las adicciones más comunes se encuentran: el alcohol, el tabaco, las drogas, el comer en exceso, las dietas extremas, correr u otras formas de ejercicio, los juegos de azar y las apuestas, las compras, la pornografía, el sexo, e incluso el trabajo. Las personas pueden ser adictas a cosas que son buenas.

2. ¿Qué es una adicción?

Las personas son adictas a algo cuando lo desean con ansia y dependen de esa cosa para poder hacer frente a la vida. Hace que se sientan mejores o, al menos, no deja que sientan dolor. Pero cuando se acaba ese sentimiento agradable, lo extrañan; así que lo hacen de nuevo. Esto se repite una y otra vez, hasta que se vuelven adictos. Su cuerpo deja de producir los químicos que hacen que las personas se sientan bien, entonces dependen ahora de la cosa a la que son adictos para sentirse normales. Con el paso del tiempo, necesitan más cantidad de la cosa a la que son adictos para lograr el mismo nivel de satisfacción. Se hacen cada vez más dependientes. La adicción llega a ser su dios y sacrifican todo lo demás para mantenerla. Piensan en eso día y noche. Cuanto más ceden a su adicción, más poder tiene sobre ellos. Al final, la adicción puede llegar a destruir su vida, su familia, sus amistades, su trabajo y su lugar en la comunidad.

3. ¿Por qué las personas llegan a ser adictas?

 DIÁLOGO EN PEQUEÑOS GRUPOS

¿Por qué las personas llegan a ser adictas? ¿Cómo sucede?

Obtenga las opiniones de todo el grupo y luego añada lo que no se haya dicho de los puntos enumerados a continuación:

- **Motivos sociales:** Están con otras personas que toman (o que juegan en los casinos, etc.) y quieren ser aceptados.

- **Problemas personales:** La adicción hace que por un tiempo no sientan las heridas de su corazón.

- **Rasgos heredados y de personalidad:** Hay personas que son más propensas que otras a ser adictas.

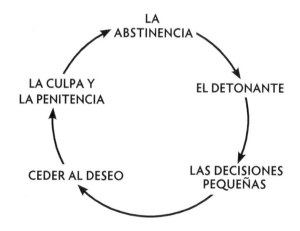

Las personas que luchan con las adicciones con frecuencia se ven atrapadas en un ciclo:

1. **La abstinencia:** «No volveré a hacerlo. ¡Soy fuerte!»
2. **El detonante:** Algo actúa como detonante y despierta el deseo por su adicción. Puede suceder cuando tienen hambre, están molestos, se sienten solos o están cansados. Incluso, puede suceder porque están celebrando el largo tiempo que se han abstenido de su adicción.
3. **Las decisiones pequeñas:** Hacen algo muy pequeño que abre de nuevo la puerta a la adicción. Sienten que pueden resistir la tentación o que merecen esta cosa pequeña.
4. **Ceder al deseo:** Ceden de nuevo ante la adicción y esta se vuelve a imponer.
5. **La culpa y la penitencia:** Se sienten mal y tratan de hacer cosas buenas para compensar el haber cedido ante la tentación.
6. **La abstinencia:** Empiezan el ciclo de nuevo.

¡La buena noticia es que un adicto puede romper con ese ciclo!

4. ¿Qué dice la Biblia acerca de las adicciones?

⚙ DIÁLOGO EN PEQUEÑOS GRUPOS

Que cada grupo pequeño busque uno de los siguientes pasajes, y luego comparta con todo el grupo lo que dicen sobre las adicciones.

Santiago 1:13–15	Romanos 6:11–13
Efesios 4:22–24	2 Corintios 10:3–5
Colosenses 3:1–3	1 Corintios 10:13

Para tratar una adicción, hay que enfocarse no solo en lo que hace el adicto sino en lo que piensa. La Biblia nos enseña que son nuestros pensamientos los que nos llevan al deseo. Estos pueden ser deseos dañinos que llevan a las adicciones. Una vez que se forma una adicción es muy difícil dejarla.

Los adictos deben pedirle a Dios que los ayude a cambiar la manera de pensar, para que puedan encontrar una salida al ciclo de adicción (Romanos 12:1–2). También necesitan ayuda para desarrollar hábitos nuevos y saludables, y maneras de enfrentar el deseo y los síntomas dolorosos de la abstinencia. Dios puede ayudarles para que sus deseos ya no tengan dominio sobre ellos y para que tengan la esperanza de que algún día serán libres.

5. ¿Cómo podemos ayudar a las personas que son adictas?

Para poder ayudar a los adictos, debemos entender los retos que enfrentan. Debemos ser amables pero firmes (Gálatas 6:1).

 DIÁLOGO EN PEQUEÑOS GRUPOS

¿Por qué los adictos no dejan simplemente su adicción?

Obtenga las opiniones de todo el grupo y luego añada lo que no se haya dicho de los puntos enumerados a continuación:

- Sus cuerpos desean con fuerza la cosa a la que son adictos. Dejar una adicción es algo doloroso.

- Están engañados y han formado hábitos de mentir y manipular a las personas para obtener lo que desean.

- El concepto que tienen de sí mismos es que son adictos. Han perdido la esperanza de que puedan cambiar.

- No reconocen el ciclo o no saben cómo salir de él.

- La adicción les ayuda a evitar el sentimiento de dolor que les causan los problemas que no quieren enfrentar.

Sermonear a los adictos o procurar solucionarles sus problemas no es útil. Deben decidir por sí mismos que desean dejarlo. Los adictos se recuperan por etapa y cada etapa requiere una respuesta diferente:

Etapa 1 «¡No tengo ningún problema; déjame en paz!» (no está listo): Ayúdeles a pensar a dónde los llevará su estilo de vida y si eso es lo que desean.

Etapa 2 «Tal vez soy adicto». (casi listo): Ayúdeles a pensar en los beneficios y las dificultades para dejar la adicción.

Etapa 3 «Soy adicto, tengo que dejarlo» (listo): Dígales lo bueno que es que estén dejando la adición, incluso si son pequeños pasos. Ayúdeles:

- Empiece por prestar atención a lo que piensan y sienten. Explore por qué se inició la adicción.
  - Preste atención a las situaciones en las que han cedido ante su adicción. Por ejemplo, si fueron a un bar con sus amigos y pensaron que pedirían solo una bebida no alcohólica pero terminaron borrachos, deben evitar los bares.
  - Que aprendan a esperar diez minutos cada vez que piensen en tomar alcohol o consumir drogas. Con frecuencia, el que sabe esperar, puede resistir ante la tentación.
  - Encuentre a alguien que se ha recuperado de una adicción a quien puedan llamar por ayuda y que los pueda acompañar en el proceso.
  - Busque reemplazar la adicción con algo bueno (Lucas 11:24–26)
  - Afronte las heridas de su corazón y anímelos a llevar a Cristo su dolor para ser sanados.
  - Que pidan a Dios y a otros que les perdonen por los problemas que han causado y luego reciban el perdón total que Cristo les ha prometido.

Etapa 4 «¡Oh, no! ¡Lo hice de nuevo!» (volver a empezar): Ayúdeles a reconocer que caer de nuevo es parte normal del proceso de rehabilitación. Se les debe dar el apoyo necesario para empezar de nuevo. Pueden tener tropiezos, pero también se pueden volver a levantar (Salmo 37:23–24). Su comportamiento no cambia el amor que les tiene Dios (Romanos 5:8).

6. ¿Cómo podemos ayudar a los familiares de los adictos?

⚙ DIÁLOGO EN GRUPOS PEQUEÑOS

En su experiencia, ¿cómo podemos ayudar a la familia del adicto?

Obtenga las opiniones de todo el grupo y luego añada lo que no se haya dicho de los puntos enumerados a continuación:
- Los familiares deben darse cuenta de que el comportamiento adictivo afecta sus vidas y de que esa alteración no es normal.

- Los familiares deben enfrentar los problemas que ellos mismos tengan en torno a la adicción: la rabia, la amargura, discusiones sobre cómo ayudar, la carga económica como consecuencia de la rehabilitación, entre otros. Deben asumir la responsabilidad de sus propias decisiones y hacer que el adicto asuma responsabilidad por las suyas.

- Los familiares pueden hablar con el adicto acerca de la situación, con cuidado y en el momento apropiado. Esto puede resultar difícil y doloroso. Lo más frecuente es que los adictos deseen encubrir el problema. Es posible que sientan vergüenza de hablar sobre el tema.

- Cuando un adicto se recupera, es posible que los familiares: sientan que han perdido parte de su identidad y su propósito en la vida; por primera vez sean conscientes de los problemas adicionales que tienen y que estaban encubiertos; se sientan molestos cuando las personas felicitan al adicto y no reconocen lo mucho que ha sufrido la familia a lo largo de los años.

✪ DIÁLOGO EN GRUPOS PEQUEÑOS

Imagínese que vive con un alcohólico como Daniel. Ahora responda a las siguientes preguntas:

1. ¿Qué puede cambiar usted?
2. ¿Cómo puede cuidar de sí mismo?
3. ¿Qué cosas hace usted con la intención de ayudar pero que en realidad permiten que el adicto continúe con su adicción? (Por ejemplo, encubrir lo que sucede).

ACTIVIDAD DE CLAUSURA

¿Qué tipos de ayuda existen en su comunidad o iglesia para las personas que desean dejar una adicción?

Lección 7

CÓMO CUIDAR AL QUE CUIDA

1. El pastor sobrecargado

La economía en Santiago del Sur ha empeorado, y muchas personas de otros pueblos se han mudado a la ciudad en busca de empleo. La mayoría llega a la iglesia del pastor López, quien ha trabajado muy duro desde entonces. Ha llegado mucha gente a su casa y ha escuchado cada relato de lo sucedido. Como pastor, piensa que siempre debe estar listo para oírlos, atender a sus peticiones y ayudarlos a buscar trabajo y vivienda.

Manuel, un recién llegado, vino a contarle en detalle lo que estaba viviendo. Estaba sin trabajo y llevaba un buen rato buscando empleo. En ocasiones él y su familia se han ido a la cama sin cenar, porque no les alcanza el dinero. La renta solo alcanza para vivir en un barrio muy malo de la ciudad. Una noche, mientras Manuel y su familia dormían, dos hombres armados entraron por la ventana; le colocaron una pistola en la cabeza, y advirtieron a la familia que si se movían, los matarían a todos. Manuel le pidió a los suyos que se quedaran quietos, en tanto veían cómo el otro ladrón robaba toda la comida y las pocas cosas de valor que les quedaban.

Desde la visita de Manuel, el pastor López no puede dejar de pensar en lo sucedido. Su esposa ha notado que él no está durmiendo bien y que se despierta ante el menor ruido. Ha perdido su energía y se levanta muy cansado. La semana pasada se despertó tres veces con pesadillas aterradoras. Cada día se siente más desanimado, ya no quiere predicar y está pensando en renunciar. Piensa que es un fracaso como pastor. Su esposa se preocupa porque él rara vez le habla. Ayer, cuando iba en dirección a la iglesia, distraído y pensativo, tuvo un accidente. Se quebró una pierna y su auto quedó destrozado.

Según su opinión, ¿por qué el pastor López tiene todos estos problemas?

2. ¿Cómo podemos saber si el que cuida está sobrecargado?

✷ DIÁLOGO EN PEQUEÑOS GRUPOS

1. ¿Conoce a alguien que se ha sobrecargado tanto de trabajo ayudando a otros que acabó desanimado o enfermo? ¿Qué dice esa persona? ¿Cómo se comporta?
2. ¿Se ha sentido sobrecargado? Describa cómo se sintió.

El cuidar a otros puede ser una tarea agotadora. Cuando escuchamos las historias de trauma y duelo de las personas, podemos absorber su dolor y experimentar los mismos síntomas que ellos están experimentando. A esto se le da el nombre de «trauma secundario». Podemos atarearnos tanto que no disponemos de tiempo suficiente para nosotros mismos. Es posible que estemos sobrecargados si nos comportamos de alguna de las siguientes maneras:

- Nos sentimos enojados o tristes todo el tiempo
- Estamos cansados e irritables
- No dormimos bien
- Tenemos problemas en las relaciones personales
- Cuestionamos la verdad de nuestra fe
- Cuestionamos la bondad y el poder de Dios
- Empezamos a creer en las mentiras de Satanás
- Nos enfermamos o tenemos muchos accidentes
- Nos resentimos contra los que necesitan nuestra ayuda

Si tenemos algunos de estos síntomas por largo tiempo, necesitamos que algo cambie en nuestra situación. Si no sanamos las heridas de nuestro propio corazón se convertirán en una carga pesada. Tenemos que sanar nuestras propias heridas para ser capaces de ayudar a otros. Si nos dejamos ganar por el agotamiento, no podremos desempeñar la obra que Dios nos ha dado.

3. ¿Por qué es difícil ser el que cuida?

DIÁLOGO EN PEQUEÑOS GRUPOS

¿Qué dificultades ha experimentado al cuidar a otros?

En tiempo de guerra o crisis, muchos tienen problemas y necesitan hablar con alguien al respecto, y el trabajo de los que cuidan aumenta. A lo mejor enfrente algunas de las siguientes dificultades.

A. El que cuida puede tener demasiadas personas para atender

Puede pensar que es indispensable en la obra de Dios, y tiene que atender personalmente a todos. También, los miembros de la iglesia pueden pensar que el líder religioso tiene que hacerlo todo, y quieran hablar solo con él y con nadie más.

B. El que cuida puede ser el objeto del enojo de la gente

Las personas que han sufrido un trauma, a menudo, están furiosas. A veces quieren desquitarse, sin razón, contra aquellos que los rodean; incluso, quienes los cuidan, aunque estos solo quieran tratar de ayudarlos. Cuando esto sucede, el que cuida debe reconocer que la persona lastimada en realidad no está furiosa contra él. No debe tomarlo como una cuestión personal.

C. La gente puede manipular al que cuida

Algunos que vienen con problemas, en realidad no buscan soluciones. Quieren echarles la culpa a otros, pero no están dispuestos a cambiar por sí mismos. Si el que cuida trata de confrontarlos mencionando su responsabilidad en el problema, tal vez, quieran cambiar de tema. Estas personas pueden demandar mucho tiempo. Los que cuidan necesitan discernir entre los que de verdad quieren ayuda y los que solo están buscando atención.

D. El que cuida puede enterarse, en forma confidencial, de algunas cosas que no puede callar

Cuando la gente le cuenta sus problemas, el que cuida debe guardar lo dicho en forma confidencial. Algunas cosas, sin embargo, no se pueden guardar en secreto: Actividades ilegales, violación sexual, planes que lastimarían a alguien, abuso a menores o intenciones de suicidio. Digan a la gente de antemano que está en la obligación de informar ciertas cosas a las autoridades.

E. El que cuida puede querer ser el centro de todo

El que cuida puede disfrutar del sentido de poder sobre las vidas de otros. Tal vez, eso le haga sentirse importante, porque en realidad carece de confianza en sí mismo. A veces ayudar a otros es solo una manera de evitar los propios problemas. Estas no son buenas razones para ayudar a otros. El que cuida necesita detenerse y examinar su propia motivación para ayudar a otros, a fin de asegurarse que es pura.

F. El que cuida puede descuidarse a sí mismo

El que cuida puede pensar que debe ser tan fuerte como para soportar cargas pesadas sin quejarse o enojarse. Pero si niega sus sentimientos de ira, tristeza y temor, corre el riesgo de un serio agotamiento espiritual y emocional. Y si no cuida de su cuerpo, ya que trabaja sin descanso, no se alimenta bien, no duerme lo suficiente o no hace ejercicio, se quedará sin energía y puede incluso colapsar.

G. El que cuida puede descuidar a su propia familia

Atender a la gente exige mucho tiempo. El que cuida puede gastar a menudo tanto tiempo con otros, que descuida su propia familia. Su esposa puede deprimirse o enojarse. Los hijos pueden sentir ira porque su padre tiene tiempo para todos y no para ellos. Es muy probable que el que cuida no esté en casa lo suficiente como para disciplinarlos. A la larga el descuido de la familia le causará problemas graves.

4. ¿Cómo pueden los que cuidan cuidarse a sí mismos?

⚙ DIÁLOGO EN PEQUEÑOS GRUPOS

1. *(Muestre un cuchillo y una lima. O si esto puede ser recordatorio de un trauma, utilice, en su lugar, un lápiz y un sacapuntas)* ¿Qué le sucederá a este cuchillo si nunca se afila *(o a este lápiz si no tiene punta)*?
2. El tiempo que se dedica para afilarlo, ¿es tiempo perdido o bien utilizado?

Nosotros somos instrumentos de Dios para hacer el bien en el mundo. Si los instrumentos no se cuidan, se dañan y pierden su utilidad. Tal como debemos tomarnos tiempo para limpiar y afilar un cuchillo *(o afilar la punta de un lápiz)*, así debemos detenernos y cuidarnos a nosotros mismos. Entonces podremos cuidar a otros.

Cuando escuchamos a muchas personas, la carga de ese dolor puede llegar a ser muy pesada, mucho más de lo que cada persona carga individualmente. Debemos tener mucho cuidado para no dejarnos agobiar por esto.

A. Permita que Dios lo cuide

 ACTIVIDAD EN PEQUEÑOS GRUPOS

1. Lean 1 Reyes 19:3–8. ¿Qué hizo Dios por Elías cuando el profeta se sintió cansado y desalentado?
2. Lean Marcos 6:30–32. ¿Qué les dijo Jesús a sus discípulos después de que ellos habían ministrado a muchos?

Dios ha prometido consolarnos, ayudarnos y ser nuestra fuerza cuando nos sentimos abrumados. Él entiende que somos débiles. Incluso Jesús se cansó, se entristeció y se conmovió. La Biblia nos da muchos ejemplos de siervos de Dios que estuvieron tan cansados que no pudieron continuar su trabajo. Dios les dio un cuidado especial en ese momento. Dedique tiempo en oración para saber que Dios lo ama y lo cuida.

B. Cuente a otros sus cargas

Dedique con regularidad tiempo para conversar y orar en pequeños grupos o con otra persona. Converse con otras personas dedicadas también a ayudar o con creyentes maduros. De la misma manera que la gente que ha atravesado traumas necesita hablar del asunto, los que cuidan necesitan contar sus cargas a alguien más (Gálatas 6:2).

C. Comparta su carga de trabajo con otros

 DIÁLOGO EN PEQUEÑOS GRUPOS

Lean Éxodo 18:13–23. ¿Cuál fue el problema de Moisés? ¿Cómo lo resolvió?

Compartir la carga de trabajo quiere decir, primero que nada, ceder algo del control del ministerio. Otros harán las cosas de manera diferente, y usted ya no será el centro de todo.

Identifique en la iglesia a creyentes maduros y con talento que puedan ayudar a los necesitados. Es bueno tener un equipo diverso: hombres y mujeres, de diferentes edades y grupos étnicos (Romanos 12:4-8). Entrénelos sobre cómo asistir a otros. Luego informe a la gente que puede acudir a ellos cuando tenga problemas. Ayude a los miembros a entender que, además del pastor o el sacerdote, hay personas preparadas para asistirlos. Los miembros de la iglesia pueden ayudarse mutuamente. Ayúdelos a entender que usted podrá hacer mejor su trabajo si puede dedicar tiempo para «afilar su cuchillo *(el lápiz)*». Su satisfacción será entonces entrenarlos bien y verlos triunfar.

Si personas de otras iglesias vienen a verlo, explique a los respectivos líderes de esas iglesias lo que está pasando, para que no piensen que está tratando de robarle sus miembros. Entrene a los líderes de estas iglesias sobre cómo auxiliar a las personas con corazones heridos.

D. Aléjese por un tiempo de la situación

Busque oportunidades para descansar y alejarse de las dificultades y del dolor. Jesús y sus discípulos lo hicieron. *«Pero eran tantos los que iban y venían, que ni tiempo tenían para comer. Entonces Jesús les dijo: "Vengan, vamos a un lugar tranquilo para descansar a solas"».* (Marcos 6:31). A veces se necesitan varios días de descanso, incluso semanas, para empezar a aliviar la carga.

Nuestra familia es parte del ministerio. No es una barrera. Los que cuidan, necesitan reservar tiempo para su cónyuge y sus hijos. En algunos casos, un retiro espiritual o un día festivo en familia puede ser apropiado.

E. Cuide su cuerpo

- Haga ejercicio todos los días. El ejercicio alivia el estrés. «Mente sana en cuerpo sano».
- Duerma lo suficiente. Los adultos necesitan de siete a ocho horas de sueño cada noche.
- Aliméntese bien, siguiendo una dieta sana y nutritiva. Aunque el dinero para la comida sea limitado, alimentos de bajo costo como huevos, granos, frutas y legumbres están disponibles en

la mayoría de los lugares. No se ocupe tanto del trabajo hasta el punto de que se olvide de comer. Necesita una buena alimentación para estar físicamente fuerte.

ACTIVIDAD DE CLAUSURA

1. En grupos pequeños describa su carga de trabajo. ¿Cómo puede cuidar de sí mismo y de su familia mientras cuida a otros?

2. Lean juntos el Salmo 1. Dialoguen sobre lo que necesitan los árboles para crecer y dar fruto. ¿De qué maneras Dios nos da lo necesario para que demos fruto?

3. Si el tiempo lo permite utilice una de las siguientes actividades: ejercicio del contenedor o ejercicio del árbol.

EJERCICIO DEL CONTENEDOR

A veces podemos sentir agotamiento por lo que hemos experimentado, y la situación no permite que expresemos lo que sentimos. Este ejercicio está diseñado para ayudar en estos casos.

Cierre los ojos, o mire hacia abajo para que no se distraiga. Imagínese un contenedor. Puede ser una caja grande o un contenedor de carga. Imagínese una manera de cerrar con llave ese contenedor, puede ser con un candado o una cerradura.

Ahora imagínese una manera de poner todas las cosas que le molestan en este momento dentro del contenedor: cosas pequeñas, cosas grandes, todo lo que le molesta. Cuando todo esté dentro del contenedor, ciérrelo. Ahora ciérrelo con llave y ponga la llave en un lugar seguro. No la tire. Cuando esté preparado abra los ojos.

Más tarde, trate de buscar un tiempo de reposo. Tome la llave, abra el contenedor, y saque, una por una, las cosas que ha puesto en el contenedor. Tal vez sería útil encontrar a alguien que le ayude a hablar sobre esto. No los deje para siempre en un contenedor.

EJERCICIO DEL ÁRBOL

Este es un ejercicio para incrementar la resistencia. Hacer este ejercicio cuando no esté bajo estrés le ayudará a estar preparado para cuando el estrés venga.

Lea el Salmo 1 (es muy importante). Ahora cierre los ojos (o dirija la mirada aun lugar fijo). Imagínese que es un árbol:

- ¿Qué clase de árbol sería usted? Visualícese como ese árbol
- En su imaginación, observe alrededor: ¿Está ese árbol solo?
- ¿Cómo es el paisaje a su alrededor?

Ahora observe el tronco del árbol:

- Note cómo el tronco se extiende hasta llegar bajo la tierra y, luego, sube hasta las ramas altas. Siga recorriendo las ramas hasta llegar a las hojas (si es un árbol frutal, imagínese el fruto colgando de las ramas).

Ahora siga el tronco hasta llegar a las raíces:

- Observe las raíces, ¿es una sola raíz o hay muchas raíces saliendo del tronco? Observe cómo las raíces están ancladas en la tierra.

- Ahora, observe cómo el sistema de raíces trae el agua y los nutrientes a la raíz, y cómo los nutrientes viajan hacia arriba del árbol y llegan hasta las ramas.

Observe el clima:

- Imagínese que el sol vierte su luz sobre las hojas, que hacen oxígeno. Imagínese que el árbol está ahí, y tiene la temperatura y la luz indicada.

- Ahora, el árbol necesita algo de agua. Imagínese una llovizna suave cayendo sobre las hojas y bajando a las raíces. Baja... baja a las raíces. Imagínese la humedad que siendo consumida por las raíces, sube al árbol.

- Ahora imagínese que cesa la llovizna y sale de nuevo el sol y seca las hojas.

Ahora el árbol tiene algunos pequeños animales: quizá pájaros, ardillas o mariposas revoloteando a su alrededor. Observe toda esa actividad.

Ahora viene una tormenta:

- Nubes negras suben en la distancia. La tormenta, aunque vendrá sin remedio, no le hará daño al árbol.

- El viento acelera su velocidad y las nubes se acercan. Las ramas se mueven. El tronco va y viene con el viento. Algunas hojas son arrebatadas por el viento y los frutos se caen.

- Ahora imagínese que las raíces están firmes y sostienen el árbol; aunque permiten que el viento lo lleve y lo traiga. Deje que la tormenta pase por un momento. Sienta ese árbol moviéndose a causa del viento, pero plantado firme con sus raíces en la tierra.

- Ahora la tormenta se detiene gradual y lentamente, y todo regresa a la calma.

- ¿Cómo se siente el árbol después de la tormenta?

- Ahora vuelve el sol; los insectos y los pájaros también regresan. Imagínese que todo vuelve a la normalidad.

Cuando el árbol esté de nuevo tranquilo, el sol brille, los insectos y los pájaros hayan regresado, respire profundo, despacio y abra los ojos.

Lección 8

LLEVE SU DOLOR A LA CRUZ

Nos hemos tomado el tiempo para reconocer el dolor que llevamos dentro del corazón; lo hemos compartido con los demás y, también, hemos escuchado el de ellos. Lo hemos expresado a través de lamentos y del arte. Ahora, ha llegado el momento de llevar esos dolores a la cruz de Cristo y de pedirle que sane nuestros corazones heridos. Este ejercicio se debe hacer al final del taller, después de que las personas hayan reflexionado sobre las heridas de su corazón, y sientan que están listas para compartir, con Dios y con otros, su dolor. Debe hacerse de una manera que quede claro que no serán criticadas, y que lo que digan será mantenido en confidencia y no se usará en su contra. No es un rito mágico, sino una manera de experimentar que el Señor está empezando a sanar nuestro dolor. A menudo tiene lugar en una sesión por la noche.

Para este ejercicio, los líderes de la iglesia necesitan preparar los siguientes elementos:

- Una cruz de madera. Si esto no es posible, una cruz dibujada en una caja. Si el símbolo de la cruz no es aceptable, solo una caja donde los participantes puedan colocar sus papelitos.

- Papel y lápiz para cada persona. Si no hay papel, si la gente no sabe leer o si tienen miedo de arriesgarse a escribir, aunque sea por un momento, ya que piensan que su seguridad está en riesgo, se pueden usar otros elementos que ardan en el fuego para simbolizar su dolor. Por ejemplo, ramitas secas pequeñas.

- Copias de las letras de las canciones y grabaciones con la música.

- Fósforos. En algunos contextos urbanos no es posible quemar los papeles. Cuando esto ocurra, encuentre otra manera creativa de destruirlos, tales como usar una picadora de papel.

- Clavos y martillo. Si los papeles van a ser clavados en la cruz; o si van a ser colocados al pie de la cruz se necesitará, entonces, una caja preparada para esto.
- Un lugar donde quemar los papeles.
- Un contenedor a prueba de fuego para hacer la quema.
- Una vara o algo para revolver el fuego.

El grupo entero se dividirá en grupos de a dos personas, a fin de que cada uno tenga la posibilidad de hablar de sus dolores íntimos. Los líderes decidirán de antemano cómo dividirlo mejor. En ocasiones, es importante que los hombres se reúnan con hombres, líderes religiosos con líderes religiosos, y mujeres con mujeres. Si el propósito del taller es la reconciliación étnica, se deben formar grupos de diferentes etnias. Cuando las personas se sienten en confianza unas con otras, lo suficiente como para hablar de su dolor más profundo, las heridas del corazón pueden sanar. A los niños se les debe agrupar, por lo menos, con un adulto. En algunas situaciones los líderes pueden permitir que los participantes escojan con quién desean compartir.

Puede ser útil hablar de la experiencia al día siguiente, para discutir cómo se sintió la gente, y para saber cómo realizarla con otros grupos en sus iglesias. Sanar las heridas del corazón toma tiempo. Esta ceremonia no necesariamente sanará al instante todas las heridas, y puede ser que necesitemos traer las heridas a Cristo muchas veces en el proceso. Podemos hacer esto en el pensamiento o con la oración, aun en medio de la noche.

1. Identifique las heridas de su corazón

Lea lo siguiente en voz alta (o dígalo con sus propias palabras):

Estamos aquí para traer nuestro dolor a Jesús. La Palabra de Dios nos enseña que Jesús no solo vino para cargar con nuestros pecados; sino también, con nuestro dolor, y para sanarnos. En el Evangelio según Mateo leemos: «*Al anochecer, la gente llevó a muchas personas que tenían demonios. Jesús echó a los demonios con una sola palabra, y también sanó a todos los enfermos que estaban allí. Así, Dios cumplió su promesa, tal como lo había anunciado el profeta Isaías en su libro: "Él nos sanó de nuestras enfermedades"*» (Mateo 8:16–17).

Mateo estaba citando el libro de Isaías: «*Todos lo despreciaban y rechazaban. Fue un hombre que sufrió el dolor y experimentó mucho sufrimiento. Todos evitábamos mirarlo; lo despreciamos y no lo tuvimos en cuenta. A pesar de todo esto, él cargó con nuestras enfermedades y soportó nuestros dolores. Nosotros pensamos que Dios lo había herido y humillado*» (Isaías 53:3–4).

En Lucas 4, aprendemos que Jesús fue a la sinagoga y leyó en voz alta una parte del libro del profeta Isaías: «*El Espíritu de Dios está sobre mí, porque me eligió y me envió para dar buenas noticias a los pobres, para anunciar libertad a los prisioneros, para devolverles la vista a los ciegos, para rescatar a los que son maltratados y para anunciar a todos que: "¡Este es el tiempo que Dios eligió para darnos salvación!"*» (Lucas 4:18–19).

Más adelante nos enteramos que después de leer este pasaje, «*Jesús cerró el libro, lo devolvió al encargado y se sentó. Todos los que estaban en la sinagoga se quedaron mirándolo. Entonces Jesús les dijo: "Hoy se ha cumplido ante ustedes esto que he leído*"» (Lucas 4:20–21).

Jesús sintió todo el peso del dolor y del pecado del hombre. Jesús sabe el dolor que hay en nuestro corazón y nos pide que lo llevemos a él para que pueda sanarnos. En este ejercicio tendremos la experiencia de llevar a la cruz nuestro dolor.

A. Escriba su dolor más profundo

Tome tiempo a solas con Dios y pídale que le muestre las cosas dolorosas que están sepultadas en lo profundo de su corazón. ¿Cuáles son más dolorosas? ¿Sobre qué cosas no le gusta pensar? Anótelas. Tenga en cuenta que las traeremos a la cruz más tarde y las quemaremos, así que nadie jamás verá lo que usted ha escrito.

Sea lo más específico posible. Tome esta oportunidad para escribir las cosas que pesan en su corazón y las que quiere traer a Cristo, tales como:

- Cosas dolorosas que otros le hicieron a usted.
- Cosas dolorosas que ha visto que le hacen a otros o pesadillas que ha tenido.
- Cosas dolorosas que ha oído que le sucedieron a otros.
- Cosas dolorosas que usted tal vez le hizo a otros.

Esto llevará más o menos veinte minutos. Si alguien no sabe escribir, podría hacer una marca sobre el papel, pedirle a alguien que escriba por él o usar un objeto para representar su dolor.

B. Comparta su dolor en grupos pequeños

Divida a los participantes en grupos de dos o tres. Cada persona tiene la oportunidad de decir algo de lo que ha escrito —tanto o tan poco como desee. Las otras personas deben oír sin criticar ni dar consejos. Los que hablan deben hacerlo con franqueza y sin detenerse en las partes violentas innecesarias. Oren el uno por el otro.

2. Lleve sus heridas y dolor a Jesús

Con todo el grupo, el líder preguntará: «¿Qué podemos hacer con estos dolores? Podemos traerlos a Jesús, cuyas heridas nos han curado, como dice el profeta Isaías 53:4–6:

> *A pesar de todo esto,*
> *él cargó con nuestras enfermedades*
> *y soportó nuestros dolores.*
> *Nosotros pensamos que Dios lo había herido y humillado.*
> *Pero él fue herido por nuestras rebeliones,*
> *fue golpeado por nuestras maldades;*
> *él sufrió en nuestro lugar,*
> *y gracias a sus heridas*
> *recibimos la paz y fuimos sanados.*
> *Todos andábamos perdidos,*
> *como suelen andar las ovejas.*
> *Cada uno hacía lo que bien le parecía;*
> *pero Dios hizo recaer en su fiel servidor*
> *el castigo que nosotros merecíamos.*

A. Háblele a Jesús de su dolor

Dedique tiempo para entregarle a Jesús su dolor. Dígale exactamente de qué se trata; por ejemplo: ira, tristeza, soledad o sentimiento de abandono. Desahogue su alma. Permita que salga cualquier emoción de dolor que sienta.

B. Lleve su dolor a la cruz

Lleve a la cruz el papel en el que escribió su dolor. Clávelo en la cruz, o póngalo en la caja al pie de la cruz. Al hacerlo, diga: «Estoy entregándole mi sufrimiento a Jesús que murió en la cruz por mí».

C. Quemen los papeles

Cuando hayan depositado todos los papeles, llévelos afuera y lean Isaías 61:1–3:

> «*El espíritu de Dios está sobre mí,*
> *porque Dios me eligió y me envió*
> *para dar buenas noticias a los pobres,*
> *para consolar a los afligidos,*
> *y para anunciarles a los prisioneros*
> *que pronto van a quedar en libertad.*
> *Dios también me envió para anunciar:*
> *"Este es el tiempo que Dios eligió*
> *para darnos salvación,*
> *y para vengarse de nuestros enemigos".*
> *Dios también me envió para consolar a los tristes,*
> *para cambiar su derrota en victoria,*
> *y su tristeza en un canto de alabanza.*
> *Entonces los llamarán:*
> *"Robles victoriosos,*
> *plantados por Dios para manifestar su poder"*».

Queme los papelitos como símbolo de que el sufrimiento experimentado se convierte ahora en cenizas. Es un tiempo para experimentar que Dios está sanando las heridas del corazón.

Después, cada uno debe orar por las personas que tiene a cada lado, para que Jesús continúe sanando sus corazones heridos.

3. Comparta lo que Dios ha hecho

Invite a algún participante para que cuenten cómo Dios ha obrado, incluso en medio de sus problemas.

Agradezcan al Señor y alábenle con palabras y cantos, porque él está sanando las heridas de sus corazones.

Lección 9

CÓMO PODEMOS PERDONAR A OTROS

1. Perdón real y falso

Presenten las siguientes dramatizaciones breves:

1. El padre José está sentado conversando con su amigo, el padre Bruno. El padre José le dice: «La semana pasada Samuel de verdad me hirió. En presencia de los otros sacerdotes dijo que yo no servía para predicar. No lo puedo olvidar. El corazón todavía me duele cuando pienso en esto». Después de que el padre Bruno sale, el padre Samuel entra. Este expresa: «Por favor, perdóname por lo que dije la semana pasada». Entonces el padre José le contesta: «No hay nada que perdonar. No me importó».

2. El pastor Juan está conversando con Nicolás, que es miembro de su iglesia. Nicolás dice: «He tratado de perdonar a mi papá por su crueldad cuando yo era niño, pero es difícil». El pastor le contesta: «Pues bien, debes olvidarte de eso. Mientras no olvides, no puedes decir que has perdonado».

3. Leonardo reemplazó al maestro de la clase bíblica de adultos el domingo pasado. Un miembro de la clase, Ceferino, tomó con demasiada seriedad algún detalle expresado por Leonardo, y discutieron por eso.

    Al final de la semana, cuando el maestro le agradeció, Leonardo dijo: «¡Nunca más volveré a enseñar en esa clase!» Le contó al maestro lo sucedido y cómo había sido abochornado. El maestro ofreció acompañar a Leonardo para que hablara del asunto con Ceferino.

Cuando lo hicieron, Leonardo expresó cómo lo había desanimado la discusión en la clase, su frustración por no poder responder bien y su bochorno. Ceferino le pidió disculpas y perdón, lo que Leonardo le concedió de buen grado.

⚙ DIÁLOGO EN PEQUEÑOS GRUPOS

¿Cuál de estas situaciones demuestra perdón real? ¿Cómo se diferencia de las otras?

2. El perdón no es:

- Decir que la ofensa no importa o que no nos duele lo que la otra persona hizo.
- Ser capaz de entender por qué la otra persona hizo lo que hizo.
- Actuar como si el evento nunca hubiera ocurrido.
- Esperar que el ofensor pida disculpas primero o que cambie su conducta.
- Permitir que la persona que hizo el mal evada las consecuencias de su acción.
- Permitir que el ofensor vuelva a hacernos daño a nosotros o a otros inocentes.
- Volver a confiar en la persona inmediatamente después de que nos hizo daño.

3. ¿Cómo podemos perdonar a otros?

Si pensamos que perdonar es demasiado duro para nosotros, tenemos razón. Dios es el único que puede capacitarnos para perdonar (1 Pedro 2:24).

A. Lleve a Cristo el dolor

Perdonar a alguien quiere decir que reconocemos el daño hecho, y aceptamos el dolor que su pecado nos ha causado. Pero, decir que no ha provocado dolor cuando sí lo hizo es mentir, y estamos llamados a hablar con la verdad (Efesios 4:25). Nosotros llevamos a la cruz nuestro dolor y se lo entregamos a Jesús. Cuando Jesús sana nuestro dolor, entonces podemos perdonar a los que nos han hecho daño.

B. No espere a que la otra persona se disculpe

A menudo, no queremos perdonar mientras el ofensor no haya pedido disculpas; o queremos que el otro cambie su conducta antes de perdonarlo. Pero, como Jesús, necesitamos perdonar a las personas, aun cuando ellas no se arrepientan del mal que han hecho (Romanos 5:8). En la cruz, Jesús dijo: *«Padre, perdónalos, porque no saben lo que hacen»* (Lucas 23:34 DHH).

Perdón
completo

Ofensa

El ciclo del perdón

C. Dele tiempo al proceso

El perdón no sucede todo de una vez. Empezamos a perdonar, pero a veces retrocedemos al recordar el dolor de la ofensa. Entonces perdonamos de nuevo un poco más, y, gradualmente, avanzamos hasta el perdón completo.

Aunque perdonamos a alguien de corazón, aún recordaremos lo que sucedió. Al principio tal vez volvamos a sentir el dolor asociado con la ofensa. Cuando esto sucede, necesitamos seguir llevándole a Jesús lo que quede del dolor. La decisión de perdonar a menudo viene antes de que se sienta el perdón, y a veces mucho antes. Conforme le llevamos a Jesús nuestro dolor cada vez, a la larga lo sentiremos menos al recordar el evento.

Perdonar a alguien no quiere decir que confiemos en esa persona de inmediato. El hecho de que le hemos perdonado no quiere decir que haya cambiado. Incluso si lo ha hecho, nuestra confianza ha sido rota y tomará tiempo reconstruirla. De a poco, conforme tengamos buenas experiencias con esa persona, empezaremos a confiar de nuevo en ella. Pero, puede llevar mucho tiempo antes de que podamos lograrlo por completo, si acaso lo volvemos a hacer.

D. Permita que el ofensor enfrente las consecuencias de su acción

Perdonar a alguien no quiere decir que el que ha hecho algo malo no recibirá castigo. Al perdonar permitimos que Dios juzgue y cobre venganza (Romanos 2:19–21). Él puede hacerlo mucho mejor que nosotros.

Dios también le ha dado a los líderes nacionales y públicos la tarea de castigar a los criminales y proteger a los inocentes (Romanos 13:1–4). Aunque nosotros hayamos perdonado a alguien, tal vez sea necesario llevarlo ante la justicia, para evitar que otras personas sean heridas después.

El perdón también requiere que el ofensor devuelva o pague, si es posible, lo que ha quitado. Algo tan importante como la virginidad de una mujer o la vida de una persona nunca se pueden reponer ni pagar. Pero si alguien ha robado una bicicleta, por ejemplo, debe pagarla (Números 5:5–7). El pecado hay que pagarlo, aunque incluya gran costo. Dios nos dio el modelo a seguir cuando Jesús pagó en la cruz por los pecados de todo el mundo, y él era completamente inocente (Colosenses 1:20–22).

 DIÁLOGO EN PEQUEÑOS GRUPOS

¿De qué manera las ideas bíblicas del perdón son similares a las tradicionales? ¿En qué se diferencian?

4. ¿Por qué Dios quiere que perdonemos?

A. El perdonar nos libera de la ira y la amargura

Cuando estamos enojados, le abrimos —por así decir— las puertas de nuestro corazón a Satanás (Efesios 4:26–27). Nos volvemos esclavos de la ira y la amargura, y estas empiezan a destruirnos. Si no perdonamos al que nos ha ofendido, nosotros seremos los que sufrimos. El negarnos a perdonar puede enfermarnos físicamente, son frecuentes: los dolores de cabeza, úlceras estomacales o problemas del corazón. La ira y la amargura también puede hacernos violentos y malos como los que nos ofendieron. El perdón nos libera de todo esto. Perdonamos por nuestro propio bien (2 Corintios 2:10–11).

Si no perdonamos, les pasamos ese odio a nuestros hijos. Esto puede resultar en ciclos de venganza y violencia entre grupos, que pueden tener lugar por generaciones. La carta a los Hebreos nos dice, «*Traten de vivir en paz con todos, y de obedecer a Dios; porque si no lo hacen, jamás lo verán cara a cara. No dejen que nadie se aleje del amor de Dios. Tampoco permitan que nadie cause problemas en el grupo, porque eso les haría daño; ¡sería como una planta amarga, que los envenenaría!*» (Hebreos 12:14–15). Solo el perdón puede romper el ciclo de venganza.

El perdonar nos liberta de las cadenas de amargura

B. El perdonar a otros nos permite recibir el perdón de Dios

Nosotros perdonamos a los demás para que Dios nos perdone a nosotros. Mateo 6:14–15 dice: «*Si ustedes perdonan a otros el mal que les han hecho, Dios, su Padre que está en el cielo, los perdonará a ustedes. Pero si ustedes no perdonan a los demás, tampoco su Padre los perdonará a ustedes*» (véase también Marcos 11:25).

C. El perdonar demuestra que comprendemos el sacrificio de Cristo y nuestra salvación

Si entendemos cuánto hemos ofendido a Dios con nuestro pecado, y cómo Jesús se ofreció a sí mismo por nuestro perdón, incluso antes de que nos arrepintiéramos (1 Juan 4:10), cualquier ofensa que hayamos sufrido parecerá pequeña. Nosotros queremos extender ese mismo perdón a otros (Efesios 4:32; Mateo 18:21–25).

D. El perdonar nos permite reconciliarnos con los que nos han ofendido

Mientras no perdonemos a los que nos han ofendido, nuestras relaciones personales con ellos sufrirán. El perdón hace posible restaurar nuestra relación con ellos. Sin embargo, la restauración completa requiere arrepentimiento y perdón de ambas partes.

E. El perdonar puede cambiar a la persona que nos ha ofendido

Perdonar a alguien puede ser el comienzo para que Dios lleve a esa persona al arrepentimiento. En Hechos 7, Esteban, al morir, perdonó a los que lo mataban. Una de esas personas era Saulo, que más tarde llegó a ser el apóstol Pablo (Hechos 7:59–8:1).

✪ DIÁLOGO EN PEQUEÑOS GRUPOS

1. ¿Qué es lo que más se le dificulta para perdonar a otra persona? ¿Qué es lo que más le ha ayudado para perdonar a otra persona?
2. ¿Qué tradiciones tienen que les ayudan a perdonar a otros? ¿Qué tradiciones obstaculizan el perdón?

5. ¿Y si somos nosotros los que hemos hecho la ofensa?

A. Tenemos que arrepentirnos

- Debemos permitir que el Espíritu de Dios nos revele cuánto nuestro pecado ha ofendido a la persona injuriada y a otros. Esto nos puede entristecer e incluso hacer llorar (Santiago 4:8–9). Esta tristeza puede ser buena para nosotros. *«Cuando Dios los ponga tristes, no lo lamenten, pues esa tristeza hará que ustedes cambien, y que pidan perdón y se salven. Pero la tristeza provocada por las dificultades de este mundo, los puede matar»* (2 Corintios 7:10). Tanto Pedro como Judas se entristecieron porque negaron a Jesús, pero la tristeza de Pedro lo acercó a Dios; la de Judas lo llevó a suicidarse.

- Asumimos la responsabilidad por lo que hemos hecho y de manera clara indicamos nuestro pecado (Proverbios 28:13; Salmo 32:3–5).

- Buscamos el perdón de Dios por nuestro pecado, y luego aceptamos lo que él ha hecho (1 Juan 1:9).

- Le pedimos a los que hemos ofendido que nos perdonen, sin defendernos ni echarles la culpa, ni pedirles que confíen en nosotros de inmediato (Santiago 5:16). Debemos pedir perdón de tal manera que todos los afectados por nuestro pecado se percaten de nuestro arrepentimiento. Por ejemplo, si hemos insultado a alguien frente a otros, entonces debemos pedirle perdón delante de esas mismas personas.

- Si nos arrepentimos de corazón, lo demostraremos por la forma en que actuamos (Hechos 26:20b).

- El arrepentimiento puede incluir, devolver o pagar lo que se ha quitado (Números 5:5–7).

B. ¿Cómo puede la iglesia ayudar a que la gente se arrepienta?

⚙ DIÁLOGO EN PEQUEÑOS GRUPOS

Como iglesia, ¿de qué manera tratamos a los miembros cuando pecan? ¿Ha ayudado esto a que se arrepientan?

Los líderes de la iglesia tienen la responsabilidad de cuidar de la vida espiritual de la congregación (1 Pedro 5:1b–3). Si un miembro está en pecado, y no quiere escuchar a aquellos que le hablan de su pecado, los líderes de la iglesia deben hablar con él en persona (Mateo 18:15–17; Gálatas 6:1).

ACTIVIDAD DE CLAUSURA

Omita estos ejercicios si el grupo va a asistir a la ceremonia del perdón.

1. Pida a cuatro personas que cada una lea en voz alta uno de los siguientes pasajes bíblicos y resuma el punto principal.

   Efesios 4:32   Mateo 18:35
   Mateo 18:21–22   Romanos 12:14

2. Dediquen cinco minutos para estar en silencio pidiéndole a Dios que les muestre cualquier pecado del que necesiten arrepentirse. Confiesen a Dios esos pecados y reciban su perdón. Cuando se acabe el tiempo, lean en voz alta 1 Juan 1:9.

3. Tomen otros cinco minutos para reflexionar y pensar en cualquier persona a la que necesiten perdonar. Pídanle a Dios que les ayude a perdonarla.

4. Relaten lo que Dios les ha mostrado sobre el perdón.

5. Alaben a Dios, en palabras y en canto, porque él nos perdona y nos capacita para perdonar a otros.

Lección 10

VIVIR COMO CREYENTES EN MEDIO DEL CONFLICTO

1. Dos historias de conflicto

A. Conflicto en una iglesia

Permita que el grupo improvise esta obra (sin preparación). No le diga a nadie de lo que trata la historia, únicamente a la persona que escoja para el papel de Pedro y hágale leer Hechos 6.1–7 para entender la situación. Él debe estar preparado para decir, «¡Alto! No hay razón para que dejemos de estudiar y predicar la Palabra de Dios con el fin de distribuir alimentos. Por lo tanto, elige algunos sabios para ponerlos a cargo de este problema». Lea en voz alta la historia o en sus propias palabras dirija el drama.

En una gran iglesia en la ciudad capital, se estaban gestando problemas. Esta iglesia era conocida por cuidar de las viudas de la congregación. En ese momento, había dos grupos de viudas, y ambos grupos eran buenos cristianos.

El primer grupo había vivido siempre en su tierra natal. *(Elija un grupo de personas y déjelas a un lado para que representen a las viudas que están tristes).* Cada día, la iglesia enviaba algunos trabajadores para llevar alimentos y otras cosas que necesitaban las viudas. *(Elija otro grupo para llevar alimentos y ropa a las viudas. Estas se ven ahora felices).*

El segundo grupo estaba formado por mujeres desplazadas por la guerra, que habían vivido por mucho tiempo en un país lejano, y ya no hablaban su propio idioma. *(Elija otro grupo de personas para representarlas. Ubíquelas alejadas del primero. Deben actuar como tristes).* La iglesia también les enviaba alimentos. *(Escoja otro grupo que actúe llevando alimentos y ropa).*

Un día, las viudas del extranjero comenzaron a quejarse de que estaban recibiendo menos comida que las viudas autóctonas *(el segundo grupo comienza a gritar y a quejarse).* Pronto, muchos en la iglesia se involucraron en el argumento. *(Los proveedores de alimentos están argumentando, algunos a favor de un grupo y otros en contra. Todos deben estar gritando y discutiendo).*

(Ahora, entra Pedro y dice:) «¡Alto! No hay razón para que dejemos de estudiar y predicar la Palabra de Dios con el fin de distribuir alimentos. Por lo tanto, elijan algunos hombres sabios para hacerse cargo de este problema». Los miembros de la iglesia pensaron que era una buena idea y eligieron algunas personas de cada lado. *(Hacerlo).*

Si no se han dado cuenta todavía, diga que esta historia se encuentra en Hechos 6. Explique que los prejuicios y los conflictos étnicos han sido problemas de la iglesia desde el principio. A continuación, lea la historia de la Biblia o cuéntela de memoria para el grupo.

Cuando la iglesia empezó a aumentar, muchos conversos venían de los judíos que habían sido llevados al exilio y que vivían en el extranjero. Habían permanecido allí tanto tiempo que ya no hablaban el lenguaje de su país, sino que habían adquirido el idioma y las costumbres de su nuevo país; aunque seguían siendo judíos consagrados que adoraban a Dios y hacían viajes a su tierra natal tanto como podían, y creían que era bueno que los enterraran allí. Las parejas de más edad querían retornar a Israel para que, al morir, los enterraran allí. Con frecuencia el esposo fallecía primero, y su viuda quedaba en la necesidad de que alguien proveyera para sus necesidades.

Mientras tanto, los judíos, que habían vivido en Israel todos esos años, continuaban hablando su propia lengua y practicando sus tradiciones culturales. La vida era dura para ellos, pero perseveraban y pensaban que, como siempre habían vivido en su tierra o en sus tradiciones, eran mejores a los ojos del Señor. Desdeñaban a los judíos extranjeros.

Una de sus tradiciones era el cuidado de las viudas. En obediencia al Señor, cuidaban de las viudas judías extranjeras tanto como de las propias. Había, no obstante, tantas foráneas que los judíos nativos tenían dificultades para cuidarlas.

No pasó mucho tiempo antes de que se hicieran notar las tensiones entre los judíos naturales y los extranjeros en la iglesia primitiva. Los extranjeros se quejaban de que sus viudas no recibían su parte de la provisión diaria de comida. Por eso, los apóstoles convocaron a una reunión para atender abiertamente el problema. Reconocieron que estas tensiones étnicas podían destruir a la iglesia. Les dijeron: «No es justo que nosotros dejemos de anunciar el mensaje de Dios para dirigir la distribución de alimentos. Escojan a siete hombres que sean muy respetados, que estén llenos del Espíritu y de sabiduría a quienes encarguemos este trabajo». La iglesia escogió a siete hombres para que atendieran la situación. Por lo menos uno de estos hombres era un judío extranjero de Antioquía. Ellos se ocuparon del problema, y la iglesia continuó creciendo. El amor entre los creyentes judíos extranjeros y nativos fue un fuerte testimonio para los de afuera.

 DIÁLOGO EN PEQUEÑOS GRUPOS

1. ¿Cuáles fueron las causas del conflicto que se relata en Hechos 6:1–7?
2. ¿Cómo impidieron los líderes que las tensiones étnicas arruinaran la iglesia?

B. El conflicto entre los colonos y los ocuraníes

En la nación de Santiago del Sur hay colonos y ocuraníes, que por más de cien años han estado peleando por un territorio que ambos reclaman. Casi toda familia ocuraní tiene una historia de cómo un pariente ha sido maltratado, o de cómo los colonos le han robado tierras. Y las familias de los colonos hablan de cómo los ocuraníes roban sus animales o destruyen lo que siembran.

Los padres les enseñan a sus hijos desde pequeños lo peligroso y violento que es el otro grupo. Todas las escuelas son solo para niños colonos o solo para ocuraníes. Nunca se mezclan. En realidad casi no hay escuelas para los ocuraníes. Y si hay alguna, tiene como maestro a un colono, que maltrata e insulta a los niños ocuraníes.

Jonás Sánchez es doctor colono, católico. Como parte de un comité de desarrollo, lo eligieron para que asistiera a una reunión de una organización internacional en la capital. Fabio es ocuraní y ha sido pastor por algunos años en una iglesia protestante. También lo escogieron para que fuera a la misma reunión de la organización de desarrollo. Entre los veinticinco santiagueños asistentes, había siete colonos y tres ocuraníes de la región de Jonás y Fabio. Cada grupo se sentó lo más lejos posible del otro. Pretendieron que los otros ni siquiera estaban allí. Luego de dos días de reunión, nombraron a Jonás y a Fabio para que formaran parte de un subcomité de cuatro miembros. Al principio, ni Fabio ni Jonás se hablaban directamente, pero, conforme la reunión avanzaba, se interesaron más en el tema considerado y empezaron a dirigirse la palabra.

Cuando la reunión terminó, Jonás y Fabio siguieron conversando y descubrieron que ambos amaban profundamente a Cristo. Al principio, ambos habían pensado en su corazón: «¿Puede un colono o un ocuraní ser un verdadero cristiano?» Una vez que pudieron aceptar ese asombroso hecho, empezaron a considerar cómo podrían ayudar a la reconciliación entre los dos grupos. Pero primero, tenían que expresar muchas cosas que habían oído cuando eran niños. Jonás le preguntó a Fabio: «¿En verdad los ocuraníes se comen a los hombres cuando ya están demasiado viejos para trabajar?» Fabio se asombró; no podía creer que los colonos pensaban que ellos hicieran eso. Hablaron de más cosas que los colonos creían acerca de los ocuraníes. Entonces Fabio le preguntó a Jonás: «¿Es verdad que todos los colonos siempre se van a la cama con una escopeta a mano, lista para dispararle a cualquier ocuraní que entre en su casa?» Pronto descubrieron que muchas de las cosas que habían oído, no eran verdad.

Una noche los dos hombres estaban sentados juntos. Jonás comenzó a pensar en voz alta. «Sabes, yo quería matar ocuraníes porque mataron a mi abuelo. Pero ya no quiero tomar venganza. El versículo «La venganza es mía, dice el Señor», siempre viene a mi mente y algo dentro de mí ha cambiado. ¡Incluso los dolores de cabeza que siempre he tenido parecen haber desaparecido!»

«Sé lo que quieres decir —dijo Fabio— tal vez podríamos servir como un puente para ayudar a reunir a nuestros grupos».

Jonás estuvo de acuerdo: «¡Es una idea excelente!»

⚙ DIÁLOGO EN PEQUEÑOS GRUPOS

1. ¿Por qué era difícil para Fabio y Jonás aceptar que el otro era un verdadero cristiano?

2. ¿Qué van a pensar y a hacer los otros colonos y ocuraníes cuando vean a Fabio y Jonás conversando?

3. ¿Cómo pueden ellos empezar a unir a los dos grupos?

2. ¿Cuáles son algunas de las causas de conflicto entre grupos?

✦ **DIÁLOGO EN PEQUEÑOS GRUPOS**

¿Existen conflictos en su comunidad o país? ¿Cuáles son las raíces de esos conflictos?

A. Deseo de recursos

En la base de todo conflicto está el fuerte deseo de tener algo, al punto de que estamos dispuestos a pelear por eso (Santiago 4:1–3). Tal vez, por ejemplo, batallemos por tierra o agua. A lo mejor seamos codiciosos y deseamos tener más recursos, o tengamos miedo de que los recursos se acaben o de que otros nos quiten lo nuestro.

B. Gobiernos ineficaces o injustos

Dios ha puesto a los gobiernos en su lugar para que se encarguen de que las personas reciban justicia (Romanos 13:1–4, 1 Timoteo 2:1–2). Si los gobiernos no protegen a los ciudadanos, y hay sufrimiento generalizado, hay un momento en que la gente se rebela. En tiempos de inestabilidad política, los conflictos antiguos entre grupos vuelven a aflorar porque no hay nadie que los detenga.

C. Agitadores

Algunos individuos, como Hitler, se las arreglan para conducir por sí solos a naciones enteras a la guerra. Los periódicos y la radio también pueden avivar las llamas del odio. Pronto las personas están matándose unas a otras sin entender en verdad por qué, y empieza el ciclo de violencia. Una vez que comienza, solo el perdón radical puede detener la violencia (Mateo 5:43–48).

D. Una herencia de prejuicio

Los hijos heredan de sus padres el prejuicio y el odio hacia otros grupos. Cada vez que pensamos: «Las personas del otro grupo son siempre...» estamos expresando un prejuicio. Estos prejuicios describen a los miembros de un grupo como si todos fueran iguales y malos; e impiden que unos se den cuenta de cómo son en verdad los otros. Si se conocieran uno al otro, descubrirían que sus prejuicios no son acertados. En todo grupo hay personas buenas y malas (Hechos 10:34–35). En tiempos de conflicto, se le echa la culpa al otro grupo de todos los problemas. Para poder matarlos sin sentir culpa, se los estigmatiza como si sus integrantes ni siquiera fueran humanos. Entretanto, la gente ve a su propio grupo como superior, y con ciertos derechos, como tierra o posición. Por ejemplo, sus integrantes pueden sentirse con derecho a un respeto y trato especiales de parte de aquellos que fueron sus esclavos en el pasado.

⚙ DIÁLOGO EN PEQUEÑOS GRUPOS

1. ¿Cuáles prejuicios ha heredado de otro grupo? ¿Puede pensar en alguna evidencia que mostraría que estas ideas no son verdad?
2. ¿Cómo describen otros a su grupo? ¿Qué evidencia pudieran tener de esta descripción?

3. ¿Cómo podemos vivir como creyentes en medio del conflicto?

⚙ ACTIVIDAD EN PEQUEÑOS GRUPOS

Escriba en el pizarrón los cuatro subtítulos que hay a continuación (letras A a la D). Asigne cada una de las letras a un grupo pequeño y pídales que cierren sus libros y encuentren en la Biblia pasajes que se apliquen a cada tema. Obtenga las opiniones de todo el grupo y luego añada lo que no se haya dicho de los puntos enumerados a continuación:

Dios llama a los creyentes a ser la sal y la luz del mundo, a proclamar la buena nueva de Jesucristo en situaciones malas y oscuras (Mateo 5:13–16; Filipenses 2:14–16). Conflictos entre cristianos (católicos, protestantes, entre otros) son una causa especial de preocupación, porque tal división afecta el testimonio de Cristo en el mundo, como dijo Jesús: «*Te pido que se mantengan unidos entre ellos, y que así como tú y yo estamos unidos, también ellos se mantengan unidos a nosotros. Así la gente de este mundo creerá que tú me enviaste*» (Juan 17:21). Los cristianos deben tener un entendimiento transformado por Cristo. Esto quiere decir que reaccionarán en forma diferente de los que no son creyentes (Romanos 12:1-2). Este es el camino a la bendición, pero no es fácil. Necesita una decisión diaria e intencional.

A. Dios quiere que confiemos en su soberanía

Mateo 10:28-31 dice:

No tengan miedo de la gente que puede destruir el cuerpo, pero no la vida que está en ustedes. Más bien, teman a Dios, que tiene el poder de destruirlos totalmente en el infierno. Dos pajaritos no valen más que una moneda. Sin embargo, ningún pajarito muere sin que Dios, el Padre de ustedes, lo permita. ¡Dios sabe hasta cuántos cabellos tienen ustedes en la cabeza! Por eso, no tengan miedo. Ustedes valen mucho más que todos los pajaritos.

Ni siquiera un pajarito muere sin que Dios lo sepa. Podemos confiar en que cualquier cosa que nos suceda, Dios lo sabe. Él lo usará para nuestro bien (Romanos 8:28).

Debemos mirar más allá del malhechor para ver la mano de Dios en la situación. Tanto José como Jesús sufrieron, pero Dios utilizó su sufrimiento para bien (Génesis 45:5-7; Hechos 3:13-15). Dios está obrando, incluso mediante las intenciones perversas de la gente.

Dios nos dice que nuestras vidas no son nuestras. Dios sabe la fecha de nuestra muerte incluso antes de que naciéramos (Salmo 139:15-16). Si se nos ha dejado con vida mientras otros han muerto, es porque Dios todavía tiene un propósito para nuestras vidas (Ester 4:13-14; 2 Tesalonicenses 1:11-12).

B. Dios quiere que estemos preparados para dejarlo todo excepto a Cristo

En tiempos de conflicto, es posible que se nos quite todo lo que define nuestra identidad: familia, casa, posesiones, trabajo, vida. Lo que jamás nadie puede quitarnos es a Jesucristo. 1 Pedro 1:3-5 dice:

Alabemos al Dios y Padre de nuestro Señor Jesucristo, que nos ha hecho nacer de nuevo, y nos ha dado una vida con esperanza. Esto lo ha hecho Dios por su gran amor hacia nosotros y por el poder que mostró cuando resucitó a Jesucristo de entre los muertos y de que nos dará todo lo que nos ha prometido y que tiene guardado en el cielo. Lo que

nos ha prometido no puede destruirse ni mancharse, ni marchitarse.
Ustedes confían en Dios, y por eso él los protege con su poder, para que
puedan ser salvados tal y como está planeado para los últimos tiempos.

Debemos voluntariamente dejar a un lado los prejuicios culturales con
que crecimos: descartar las viejas maneras de juzgar a otros, porque
son mundanas y causan divisiones. 2 Corintios 5:16–18 dice:

> *«Por eso, nosotros ya no pensamos de nadie según los criterios de
> este mundo; y aunque antes pensábamos de Cristo según tales
> criterios, ahora ya no pensamos así de él. Por lo tanto, el que está
> unido a Cristo es una nueva persona. Las cosas viejas pasaron; se
> convirtieron en algo nuevo. Todo esto es la obra de Dios, quien por
> medio de Cristo nos reconcilió consigo mismo y nos dio el encargo
> de anunciar la reconciliación» (DHH).*

Nuestro único deseo debe ser conocer a Cristo, y ayudar a otros a
que lo conozcan (Gálatas 2:20; Filipenses 1:21; 3:8). Cristo nos ha
redimido de todo mal de nuestro pasado (1 Pedro 1:17–19).

Debemos dejar a un lado cualquier derecho que pensemos que
tenemos como miembros de nuestro grupo. Dios no tiene favoritos;
él acepta por igual a toda persona (Hechos 10:34; Romanos 2:9–11).
Ahora pertenecemos junto con otros creyentes a una nueva nación, en
donde todas las personas son iguales (1 Pedro 2:9; Efesios 2:18–22;
Apocalipsis 5:9–10). Cristo nos proveyó el modelo para seguir cuando
cedió sus derechos como Dios para salvarnos (Filipenses 2:5–11).

Todo lo que cedamos por Cristo será recompensado cien veces
(Mateo 19:29; Lucas 9:23), pero el proceso no es fácil.

C. Dios nos pide que no nos venguemos, sino que mostremos amor

Romanos 12:19–21 dice:

> *Queridos hermanos, no busquen la venganza, sino dejen que Dios se
> encargue de castigar a los malvados. Pues en la Biblia Dios dice: «A
> mí me toca vengarme. Yo le daré a cada cual su merecido». Y también
> dice: «Si tu enemigo tiene hambre, dale de comer; si tiene sed, dale
> de beber. Así harás que le arda la cara de vergüenza». No se dejen
> vencer por el mal. Al contrario, triunfen sobre el mal haciendo el bien.*

Como creyentes ya no tenemos la responsabilidad de vengarnos por los males que nos han hecho a nosotros o a nuestra familia. Debemos mostrar amor y permitir que Dios castigue a otros (Mateo 5:38–42). La venganza no da paz a nuestros corazones ni nos devuelve lo que hemos perdido. Solo perpetúa la violencia.

Cada ser humano es sagrado porque refleja la imagen de Dios (Génesis 1:27). No debemos destruirlo ni maltratarlo, aunque a veces debemos defender nuestra vida y la de otros.

Dios obra mediante los gobiernos para ejercer justicia, castigar a los malhechores y proteger al inocente. El apóstol Pablo habla acerca de cómo los cristianos deben tratar a las autoridades. Dice:

Solo Dios puede darle autoridad a una persona, y es él quien les ha dado poder a los gobernantes que tenemos. Por lo tanto, debemos obedecer a las autoridades del gobierno. Quien no obedece a los gobernantes, se está oponiendo a lo que Dios ordena. Y quien se oponga será castigado, porque los que gobiernan no están para meterles miedo a los que se portan bien, sino a los que se portan mal. Si ustedes no quieren tenerles miedo a los gobernantes, hagan lo que es bueno, y los gobernantes hablarán bien de ustedes. Porque ellos están para servir a Dios y para beneficiarlos a ustedes. Pero si ustedes se portan mal, ¡pónganse a temblar!, porque la espada que ellos llevan no es de adorno. Ellos están para servir a Dios, pero también para castigar a los que hacen lo malo. (Romanos 13:1–4)

Lo más poderoso que Jesús hizo fue hacerse completamente vulnerable a sus enemigos en la cruz (1 Pedro 2:21–23). Personas, como Mahatma Gandhi en la India y Martin Luther King en los Estados Unidos de América, desafiaron a los gobiernos al levantarse contra el mal sin usar la violencia. Estos movimientos han corregido injusticias generalizadas de manera más eficaz que si lo hubieran intentado de manera violenta, y los que participaron en ella no fueron culpables de derramar sangre.

D. Debemos recibir fuerza de Dios

En tiempos de conflicto necesitamos dejar que la Biblia nos transforme (2 Timoteo 3:16–17; Romanos 2:1–2). Necesitamos llevarle a Dios nuestras heridas, tal vez a través de un lamento (Filipenses 4:6–7).

Tal vez necesitemos pasar tiempo lejos de la situación «en el monte» con Dios para que restaure nuestras almas (Marcos 6:31, 45–46). El Espíritu Santo nos ayuda, aun cuando seamos débiles (Hechos 1:8; 2 Corintios 12:9–10). Necesitamos reunirnos con otros creyentes, hablar de nuestro dolor, y orar unos por otros (Hebreos 10:25; Santiago 5:16). Debemos tener cuidado de no hablar de la situación de modo que sembremos más semillas de amargura (1 Corintios 14:26).

4. ¿Cómo podemos ayudar a que haya reconciliación?

ACTIVIDAD DEL PUENTE

Haga un río imaginario en medio del salón, y haga dos grupos, uno a cada lado del río. Los dos grupos están en conflicto. En grupos pequeños pida a los participantes que encuentren algo que simbolice lo que ellos pueden hacer para crear un puente entre los dos grupos. Pídales que expliquen sus respectivos símbolos al tiempo que ellos lo sitúan sobre el río. Complemente con lo que hay a continuación y que aún no se ha mencionado.

A. Debemos convertirnos en un puente entre los grupos en conflicto

Dios nos creó como seres sociales. Por naturaleza necesitamos pertenecer a un grupo. En tiempos de conflicto tal vez precisamos sacrificar esa necesidad de pertenecer y llegar a ser un puente entre los grupos en conflicto. Por ejemplo, podemos compartir alimento y recursos con los necesitados, sin que importe en qué lado estén. Dios nos llama a amar a nuestros enemigos (Mateo 5:43–48). Cuando lo hacemos, ya no tenemos más enemigos. Todas las personas se vuelven nuestros hermanos y hermanas. No obstante, amar a nuestros enemigos puede poner nuestras vidas en riesgo. Nuestros «enemigos» quizá quieran matarnos porque somos sus enemigos; pero miembros de nuestro grupo a lo mejor también quieran matarnos porque hemos hecho amistad con el enemigo. Incluso nuestros parientes nos pueden condenar (Efesios 2:11–22).

Si no conocemos a ningún otro pacificador en la situación, puede que estemos solos con Dios como nuestro único amigo (Mateo 5:9). Tal vez nos sintamos como extranjeros en este mundo (1 Pedro 1:1–2; Hebreos 11:13–16).

Como puente entre los grupos, trataremos de entender desde su propia perspectiva el dolor que cada lado del conflicto ha experimentado. Entonces ayudaremos a entender el dolor del otro, abandonar los prejuicios y verlos como seres humanos (Romanos 12:17–21). Si oímos demasiado de un lado y empezamos a ver solo su punto de vista, debemos pasar tiempo con el otro lado para recuperar la perspectiva.

B. Debemos conducir a las personas a Cristo para que sanen las heridas del corazón y se arrepientan de sus pecados

Dios nos ha dado el ministerio de reconciliar a los hombres con él mismo en Cristo (2 Corintios 5:17–20). En donde hay conflicto casi toda persona tiene el corazón herido. Es preciso llevarla a Cristo para que él pueda sanar el dolor. Cuando uno ha pecado contra otro, necesita arrepentirse y pedirle a Dios, y al que ha hecho daño, que lo perdone.

C. Debemos ayudarlos a arrepentirse de los pecados de su grupo

Lo peor que puede suceder en el mundo no lo causan individuos, sino los grupos: étnicos, gobiernos, grupos religiosos. Incluso si no participamos personalmente en el conflicto, como miembros de nuestro grupo necesitamos arrepentirnos delante de Dios por el sufrimiento que los nuestros han provocado. Luego, en nombre de nuestro grupo, necesitamos pedir perdón a los que hemos afectado. En la Biblia Daniel, Nehemías y Esdras hicieron esto en nombre de su pueblo (Daniel 9:4–9; Nehemías 9:1–36; Esdras 9:5–15; Levítico 26:40). También hay muchos ejemplos actuales de pueblos que hacen lo mismo: los estadounidenses les piden perdón a los indígenas nativos, los alemanes les piden perdón a los holandeses por el sufrimiento que les infligieron durante la Segunda Guerra Mundial, los blancos de Sudáfrica les piden perdón a los negros. A menudo, cuando un grupo se arrepiente y pide perdón, el otro también se arrepiente, y resulta en reconciliación.

D. Los grupos deben conversar sobre sus problemas con franqueza y buscar soluciones

Cuando el dolor del corazón es sanado, entonces hay que tratar el problema real que fue el causante del conflicto. Los individuos necesitan trabajar juntos, ceder y aflojar, y buscar una solución que sea justa y aceptable para todos.

Ningún problema es demasiado pequeño como para que no necesite atención. Por insignificante que sea, puede volverse grande si no se resuelve.

E. Celebren a Cristo y la unidad que él crea

Cuando Cristo ha derribado las barreras entre nosotros, necesitamos celebrar y alabarle juntos (Efesios 2:14). Él es Señor, y nos libra de las mentiras y trampas del enemigo.

ACTIVIDAD DE CLAUSURA

En grupos pequeños, dialoguen sobre medidas prácticas que pueden tomar para ayudar a solucionar conflictos en su comunidad. Oren por sus enemigos (1 Pedro 4:8).

Lección 11

CÓMO PREPARARSE PARA LAS DIFICULTADES

1. Los problemas llegan a Tenisagua

Al oriente de Santiago del Sur está la nación de Tenisagua. Los problemas de Santiago del Sur empezaron a cruzar la frontera y a afectar a Tenisagua. La gente empezó a hablar de lo que podría sucederle a su país. Se temía que la guerra civil estallaría pronto.

José era sacerdote católico tenisaguayo, y al ver que la situación política se deterioraba, se preguntaba: «¿De qué manera puedo preparar a la iglesia para los problemas futuros?» Un día lo invitaron a la capital para participar en una conferencia. Los organizadores también habían invitado a líderes de Santiago del Sur.

Una noche escuchaban las noticias por radio, y todos expresaban su preocupación porque la guerra podía estallar en cualquier momento. El pastor Pedro, de Santiago del Sur, dijo: «Cuando estalló la guerra en nuestro país, ya lo sabíamos durante meses. Ojalá hubiera preparado a los creyentes para lo que iba a venir, pero en ese entonces no tenía ni la menor idea de cómo hacerlo. Pero ahora, si lo desean, puedo darles algunas ideas sobre cómo prepararse para el problema».

Otro de los pastores, agregó: «Si al volver a Tenisagua, empezamos a preparar a nuestra gente para el conflicto, ¿no dirá el gobierno que estamos queriendo que se desate la guerra? ¿O acaso, que la estamos promoviendo?» «No, si lo hacen como es debido», aseguró el pastor Pedro. Todo el grupo convino en que era importante escucharlo, y por tres noches Pedro habló de los preparativos que podían hacer, tanto desde el punto de vista práctico como también en cuanto a la preparación espiritual de la gente.

Cuando terminó la conferencia y los participantes regresaron a sus respectivos hogares, el padre José empezó a contar en su parroquia lo que había aprendido. Muchos hicieron preparativos prácticos, por ejemplo, empacar remedios recetados y otros artículos esenciales para llevarlos en caso de tener que huir. También hicieron planes sobre cómo advertir a la comunidad cuando hubiera peligro.

En la iglesia empezaron una serie de estudios bíblicos titulados: «¿Qué tal si ... ?», que consistían en situaciones imaginarias que pudieran surgir y cómo las enfrentarían. En esos estudios incluyeron pasajes bíblicos que hablan de temas tales como la mentira, el homicidio y las violaciones sexuales. Hablaron de qué hacer en caso de recibir una orden de matar a alguien, de ser amenazados con la muerte y otras situaciones similares.

Dos meses después, la guerra estalló en Tenisagua, y la congregación de José se esparció por todas partes. La vida fue muy dura para todos. Después de un año, se restauró la paz, y la gente pudo regresar y comenzar a reconstruir sus vidas. El padre José empezó a recibir a la mayoría de los miembros de la iglesia que retornaron al pueblo en esa primera semana luego de lograda la paz. Todos querían agradecerle por la preparación obtenida ante el conflicto. Un hombre expresó: «Si usted no nos hubiera advertido de tener empacados los remedios, ¡la mayoría de mi familia hubiera muerto!» Otro aseguró: «Los estudios bíblicos de "¿Qué tal si ... ?" me ayudaron mucho. Cuando un soldado rebelde me ordenó que matara a mi esposa, supe que debía negarme. Al fin, Dios nos libró a todos.»

⬥ DIÁLOGO EN PEQUEÑOS GRUPOS

1. ¿Está bien prepararse para algún problema futuro? ¿Puede pensar en algún pasaje bíblico que diga que debemos hacer esto?
2. ¿Qué problemas pueden presentarse en su región para los cuales necesitan estar preparados?

2. ¿Por qué nos preparamos para el futuro?

La Palabra de Dios dice: «*El que es inteligente ve el peligro y lo evita; el que es tonto sigue adelante y sufre las consecuencias*» (Proverbios 22:3). Dios nos ha dado inteligencia y sentido común, y espera que los usemos. Los dirigentes de la iglesia son responsables ante Dios para dirigir y cuidar a sus congregaciones (Hechos 20:26–31; Jeremías 23:1).

Cuando las personas se encuentran en medio de una crisis, por lo general, no pueden pensar de una manera muy clara. Si se ha tomado una decisión con anterioridad, y hay tiempo para estudiar lo que Dios enseña, entonces es mucho más fácil hacer lo debido cuando surge la crisis.

También pueden hacerse planes para situaciones que puedan surgir debido a desastres naturales. Por ejemplo, si la comunidad vive al pie de un volcán o en una región que se inunda.

Es posible que los funcionarios del gobierno puedan pensar que los líderes de la iglesia están metiéndose en política cuando hablan de estos preparativos con sus congregaciones. Dependiendo de la situación local, puede ser provechoso hablar al respecto con los funcionarios del lugar. A decir verdad, en lo posible, ellos deben participar en los planes de contingencia para una población o una comunidad.

Hay tres aspectos en los preparativos que son muy importantes: preparativos prácticos, comunicación y preparativos espirituales.

3. ¿Cómo podemos hacer preparativos prácticos?

 DIÁLOGO EN PEQUEÑOS GRUPOS

Imagine la siguiente situación: Usted y su familia reciben la noticia de que en menos de treinta minutos deben abandonar la casa y huir. Pueden llevarse solo lo indispensable. Hagan una lista de los artículos más importantes que van a llevar y compártanla con todo el grupo. Complemente con lo que no se haya mencionado de la siguiente lista.

Algunas cosas importantes para llevar al huir son:

- Medicinas
- Comida, incluyendo sal
- Agua
- Fósforos
- Olla
- Documentos de identidad
- Cuchillo o machete
- Radio y baterías
- Linterna
- Biblia
- Ropa adicional
- Teléfono celular

De acuerdo con la situación local, se pueden añadir otros artículos. Si la familia en realidad solo tiene treinta minutos para alistarse, es posible que olviden algunos artículos importantes. Lo mejor que pueden hacer, si piensan que el peligro se aproxima, es preparar una maleta o bolsa con los productos esenciales, para salir a la carrera si es necesario. Todos los artículos de la lista que antecede, excepto la radio (de posible uso diario), pueden tenerse en una bolsa lista para llevar. Hay varias maneras de preparar la comida para que no se dañe. En algunas situaciones será mejor esconder la bolsa en algún otro lugar por donde la familia puede pasar en caso de que surjan problemas.

Los líderes también deben pensar en las pertenencias de la iglesia. Si es posible, deben llevar consigo los documentos más importantes. En algunas situaciones puede ser peligroso que la lista de los miembros de la iglesia u otros documentos caigan en manos equivocadas.

Tanto las familias como las iglesias deben esconder los artículos pesados que sean importantes, pero que no se pueden llevar. Envolverlos bien y enterrarlos puede ser una de las mejores maneras de esconder cosas. ¡Asegúrese de que varios sepan dónde se enterraron los artículos!

4. ¿Cómo podemos comunicarnos cuando surgen problemas?

⚙ DIÁLOGO EN PEQUEÑOS GRUPOS

¿Tiene su comunidad un plan en caso de que soldados enemigos se acerquen al pueblo o si ocurre un desastre natural? Si lo tiene, explíquelo. Si no, ¿quién debería participar para hablar de estos planes?

A. Con nuestras familias

Cada familia debe dialogar con sinceridad sobre el peligro que se avecina. Esta conversación debe incluir a los hijos (véase Lección 4). La familia debe tener planes a dónde dirigirse en caso de peligro. Deben convenir en un lugar de reunión si se separan, y hablar de diferentes rutas para llegar a destino. Es importante que los niños más pequeños puedan decir su nombre y apellido. Incluso un niño de tres años puede aprender esto. En una guerra en el este de África en donde muchas familias fueron separadas, los niños que conocían bien esa información fueron reunidos con sus padres más pronto que los que solo sabían su nombre de pila. Esto también fue un hecho en casos de desastres naturales como el tsunami en Asia.

B. Con nuestras iglesias y la comunidad

En un país del oeste de África, el pastor de una congregación oyó que enemigos de otro grupo étnico venían a atacar el pueblo. Repicó la campana de la iglesia y todos vinieron corriendo al templo. Esto los hizo un blanco fácil para los enemigos, que mataron a muchos de ellos. Muchas veces, en vez de pedir que la gente vaya al templo, es mejor convenir en un repique especial de la campana que signifique: «¡Huyan!» Se debe hablar del tema previamente, de modo que la gente esté lista para salir en grupos pequeños a destinos convenidos.

Si hay más de una iglesia en el pueblo, es importante que los líderes se reúnan y tracen un plan común. Esto también debe incluir a los dirigentes de la comunidad. En ciudades más grandes, se deben hacer planes para cada sector del pueblo.

C. Con el mundo exterior

Cuando surgen problemas en un área es importante darlos a conocer al exterior. Se puede hacer mediante los medios de comunicación, contactando a los que han orado por las personas del área y a las organizaciones no gubernamentales locales. Esto puede traer ayuda al área y terminar el conflicto.

5. ¿Cómo podemos prepararnos espiritualmente para situaciones difíciles?

⚙ DIÁLOGO EN PEQUEÑOS GRUPOS

Divida a los participantes en grupos pequeños, y pida que cada grupo hable de una de las preguntas que se encuentran a continuación para compartir después con todo el grupo.

A. ¿Qué hacer si un soldado le dice que mate a alguien o de lo contrario lo matará a usted?

Lean Apocalipsis 21:1–7 y Éxodo 20:13, y consideren estas preguntas.

1. ¿Qué les sucede a los creyentes cuando mueren?
2. ¿Qué dice Dios en cuanto al asesinato?

El cielo es un lugar mucho mejor que la tierra. Si un creyente es asesinado, ¡eso no es lo peor que le puede suceder! El hombre es hecho a la imagen de Dios. Matar a alguien es muy malo ante los ojos de Dios.

B. ¿Qué tal si un soldado exige que le entregue lo que tiene?

Lean Mateo 6:24–33, Hebreos 10:34, y Lucas 12:15. Luego consideren las siguientes preguntas:

1. En este pasaje de Mateo, ¿qué enseña Jesús en cuanto a las posesiones?
2. El escritor de Hebreos dice que ellos han aceptado algo con alegría. ¿Qué es eso?
3. Según Jesús, ¿a qué no están atadas nuestras vidas?

Las personas importan mucho más que los bienes materiales. Los bienes materiales se pueden reemplazar; los individuos, no. Debemos estar dispuestos a ceder nuestras posesiones en lugar de que nos maten.

C. ¿Qué haría si los enemigos le dicen que debe renunciar a Cristo a fin de conservar su vida?

Lean Marcos 8:31–9.1, Hechos 4:13–21 y Apocalipsis 3:7–10. Luego consideren las siguientes preguntas:

1. ¿Qué dice Jesús en el pasaje de Marcos que deben hacer sus seguidores?
2. ¿Qué dice Jesús al que trata de aferrarse a su vida antes que seguirlo a él?
3. En el pasaje de Hechos, ¿por qué Pedro y Juan rehusaron obedecer a los líderes religiosos?
4. En el pasaje de Apocalipsis, ¿por qué reconoce Jesús a la iglesia de Filadelfia?

Nunca es correcto negar que somos seguidores de Cristo, pero a veces esto puede resultar muy difícil. Si en efecto negamos a Cristo, y más tarde nos arrepentimos de verdad, Dios nos perdona. Piensen en la experiencia de Pedro.

D. Si está escondiendo en su casa a personas de un grupo étnico amenazado de muerte, y se presentan los enemigos y le preguntan por ellos, ¿responderá usted con la verdad?

Lean Josué 2.1–16. Después consideren las siguientes preguntas:

1. ¿Por qué los espías fueron a Jericó? ¿Quién los envió?
2. ¿Por qué Rahab les mintió a los oficiales de Jericó?
3. ¿Estuvo bien que mintiera? ¿Por qué sí o por qué no?

Puede haber casos especiales en que está bien engañar a los que están en contra de Dios. Sin embargo, se necesita considerar cada caso con cuidado, porque no está bien mentir bajo circunstancias normales.

E. Algunas otras situaciones de «¿Qué tal si … ?», que pueden ser útiles para su comunidad son:

1. ¿Qué tal si un soldado le dice a un hombre que viole a una mujer o de lo contrario lo matará?
2. ¿Qué tal si los soldados obligan a una persona a comer carne humana o de lo contrario lo matarán?
3. ¿Qué tal si lo capturan soldados rebeldes? ¿Cómo se comportaría usted?
4. ¿Qué tal si los soldados atacan a su familia? ¿va a defenderla?

5. ¿Qué pasa si usted es la única persona que sabe que el padre de una familia de su comunidad es VIH positivo y este duerme con su esposa sin tomar precauciones? ¿Debería hacer algo?
6. ¿Qué tal si esconde a un inmigrante indocumentado y la policía busca a esa persona?

Añada otras situaciones de acuerdo a su contexto.

6. ¿Qué puntos generales pueden ayudar?

1. Prométanse de antemano que ninguno matará a otro.
2. No dejen que cunda el pánico frente al peligro, pero eleven de inmediato una oración breve (Lucas 12:12).
3. Aprendan de memoria algunos pasajes bíblicos que le ayudarán en estas situaciones difíciles.
4. Cooperen con otros creyentes; trabajen juntos en pro de la seguridad de todos. En particular, protejan a los niños y a los ancianos.

ACTIVIDAD DE CLAUSURA EN PEQUEÑOS GRUPOS

Al mirar hacia el futuro, nadie puede saber lo que va a suceder. Incluso si lo planeamos con anterioridad, nunca tendremos certeza de cómo nos comportaremos en una crisis; pero sí sabemos que Dios estará con nosotros, incluso en medio del dolor y del sufrimiento. Hablen de sus esperanzas y temores para el futuro, y oren los unos por los otros y por su comunidad.

Lección 11A

AYUDA INMEDIATA DESPUÉS DE UN DESASTRE

1. El deslizamiento de tierra

Una mañana, el pastor Manuel escuchaba la radio con su esposa Ana mientras tomaba café. De repente anunciaron la noticia que un deslizamiento de tierra había tapado un pueblo de Santiago del Sur: Villa María. No caían del estupor cuando sonó el teléfono. Era Pedro, un viejo amigo con el que el pastor Manuel había asistido a la Escuela Bíblica y que vivía en esa región. Era casi imposible escuchar qué decía Pedro porque sus palabras estaban cargadas con el horror de la tragedia, pero se entendía con claridad una cosa: «ven y ayúdanos».

La pareja de esposos se unió en oración, y en la cabeza del pastor Manuel solo había una pregunta: «¿Por dónde empiezo?» El pastor Manuel se dirigió de inmediato a su superior, Simón.

«Necesitamos saber si las personas afectadas están recibiendo ayuda —dijo Simón— y ¿qué están haciendo las otras iglesias de la capital? Necesitamos trabajar en conjunto. Dame un par de días para saber qué está pasando y nos reuniremos de nuevo. Manuel, ¿puedes averiguar quiénes en esta región están certificados en el tratamiento del trauma?»

Dos días más tarde, Simón y Manuel se reunieron con otros líderes religiosos de la capital incluyendo un sacerdote católico y dos pastores de otras denominaciones. Simón les dijo: «Hay un número de organizaciones trabajando en el lugar del deslizamiento brindando ayuda material a estas personas. Ayer me comentaron que un hombre que perdió a su familia cometió suicidio; se necesita rápido una respuesta a las necesidades emocionales y espirituales de las personas».

Claudio, el sacerdote católico, dijo: «Nos han llamado los sacerdotes y catequistas del área diciendo que necesitan ayuda. Que la situación es abrumadora».

Manuel presentó a un par de personas que estaban certificadas en el programa «Sanar las heridas del corazón» y que estaban dispuestas a colaborar. Así, pues, se creó un grupo de voluntarios para que fuera a ayudar al Villa María, con personas y fondos de las diferentes iglesias de la capital trabajando con un objetivo común: ayudar a sanar las heridas de los corazones de los residentes de Villa María.

Los seis voluntarios llegaron a Villa María seis semanas después y de inmediato se reunieron con los líderes religiosos. Primero que todo, los escucharon hablar sobre lo ocurrido por un buen tiempo. Los voluntarios les presentaron el programa «Sanar las heridas del corazón». «Pero, ¿cómo ayudar si son cientos de personas?», preguntó un líder local.

«Trabajaremos por multiplicación —respondió el padre Claudio— nosotros los entrenamos a ustedes y les ayudaremos escuchando sus historias; ustedes a su tiempo irán a escuchar y a entrenar líderes en sus iglesias, y ellos a su momento también irán a ayudar otros. Y así ayudaremos a cientos de personas».

«No nos olvidemos de los niños —añadió el pastor Manuel— necesitamos pensar en los menores que han perdido los miembros de su familia o sus casas».

«Y tenemos que estar seguros de que habrá grupos que continúen el trabajo una vez nos hayamos regresado a la capital», agregó Pedro.

Durante dos semanas el grupo de voluntarios puso en marcha un plan para ayudar a las personas de Villa María. Luego, en el microbús de regreso a casa, el pastor Manuel exclamó: «¡Uf! ¡Lo único que quiero ahora es dormir una semana entera! ¡En verdad creo que hemos hecho algo significativo! Aunque todavía haya tristeza, ellos ahora tienen elementos que los ayuden a caminar hacia ese bienestar que solo Jesucristo puede dar». Todos estuvieron de acuerdo, y después de unos segundos cayeron en un profundo sueño.

✪ DIÁLOGO EN PEQUEÑOS GRUPOS

1. Haga una lista de las cosas que Villa María necesitaba, en orden de prioridad.
2. ¿Qué tipo de emergencias pueden ocurrir en su área?

2. Coordinar después del desastre

⚙ DIÁLOGO CON TODO EL GRUPO

¿Cómo podemos organizarnos para coordinar ayuda inmediata después de un desastre? Obtenga las opiniones de todo el grupo y luego añada lo que no se haya dicho de los puntos enumerados a continuación.

Colaboradores: Reúnase con los colaboradores y decida:

- ¿Quién servirá de líder?

- ¿Quién hará qué, dónde y cuándo? Las víctimas pueden necesitar: comida, techo, ayuda médica, reunirse con seres queridos y atención al trauma.

- ¿Cómo habrá comunicación entre los colaboradores para mantenerse informados sobre las actividades y necesidades?

- ¿Cómo se coordinarán las ayudas materiales y económicas?

- Si las víctimas están en áreas especiales, como campos de refugiados, ¿cómo se llegará a ellos?

Facilitadores: Reúnase con los facilitadores de «Sanar las heridas del corazón», por un día o más, para cubrir temas relacionados con los síntomas del trauma y la habilidad de escuchar; y para coordinar quién hará qué, dónde y con quién.

Materiales didácticos: Es difícil que las personas lean con concentración después de una tragedia, por este motivo los materiales didácticos deben ser cortos. Los programas de audio del programa pueden resultar muy provechosos bajo estas circunstancias. Donde sea apropiado, los facilitadores pueden distribuir al final de la visita un texto bíblico impreso en un volante o en una tarjeta (Sal 34:18; Rom 8:38–39a) y alguna imagen que simbolice o dé la sensación de paz. Al reverso, coloque una lista de los síntomas del trauma y consejos que ayudarán con la recuperación. Algunas personas pueden apreciar el *Libro de recursos bíblicos* para sanar el trauma.

Recursos económicos: Envíe un aviso a las organizaciones nacionales o internacionales que estén interesadas en proveer fondos o suministrar ayudas.

Imagínese que un desastre acaba de ocurrir en su región. Ahora:

1. Haga una lista de los colaboradores con los que usted podría trabajar después del desastre. ¿Cómo puede empezar a construir relaciones para el futuro?

2. ¿Cuántos facilitadores están capacitados? ¿Qué tipo de materiales hay disponibles?

3. Reunirse con las víctimas en un solo grupo inmediatamente después del desastre

Después del desastre, las víctimas necesitan una oportunidad para hablar sobre lo sucedido con alguien que los sepa escuchar. Explique que a su debido momento las personas tendrán la oportunidad de hablar con un facilitador sobre lo sucedido y sobre sus sentimientos, pero que este no es el momento para discutir ayuda material o económica. No todas las personas están dispuestas a hablar con un facilitador; invite, pero no obligue.

A. Reconozca reacciones comunes al trauma

Todas las personas responden al trauma de manera diferente. Aquí hay una lista de reacciones comunes (véase lección 2). Ayude a las personas a darse cuenta que estos síntomas pueden desaparecer con el tiempo.

- Las personas pueden sentir que se aceleran los latidos del corazón y la respiración. Pueden sentir dolores de cabeza o de estómago. Pueden tener dificultades para dormir o perder el apetito. Pueden sentirse temblorosas o cansadas.

- Pueden estar confundidas y no ser capaces de concentrarse o tomar buenas decisiones. Pueden estar ansiosas, abrumadas o deprimidas. Pueden echarse la culpa de lo sucedido. Pueden estar irritables o enojadas.

- Pueden querer pasar tiempo a solas.

- Pueden tratar de evadir sus sentimientos consumiendo alcohol o drogas, trabajando sin descanso, comiendo demasiado, entre otras.

- Pueden hacer cosas que al final les harán daño como fumar, gastar mucho dinero, caer en inmoralidad sexual, entre otras.
- Pueden tener accidentes.

Si los niños han sido afectados, repase las maneras en las que los eventos traumáticos afectan a los niños y cómo los adultos pueden ayudar (véase lección 4). Para trabajar directamente con los niños, use partes del material *Club sanar corazones* (por ejemplo, lecciones 1–3).

B. Conozca lo que ayudará a una recuperación más rápida

- Cuide su cuerpo: Aliméntese sanamente, haga ejercicio, duerma lo suficiente.
- Restablezca la rutina y póngase objetivos pequeños que pueda alcanzar.
- Exprese su dolor. Hable con alguien. Escriba o dibuje algo sobre lo ocurrido y compártalo con alguien. Háblele a Dios de cómo se siente. Escriba un lamento.
- Cante o escuche música para relajarse.
- Ría cuando pueda. Llore si lo necesita.
- Pase tiempo con personas que son positivas y que lo ayudan a sentirse mejor.
- Pida ayuda y acepte la ayuda de otros.
- Aprenda a relajarse con los ejercicios de respiración (Lección 2), ejercicio del contenedor (Lección 7) y ejercicio del árbol (Lección 7).

C. Esté vigilante sobre lo que puede obstaculizar su recuperación

- Tomar grandes decisiones
- Estar muy ocupado
- Beber alcohol o cafeína
- Tomar drogas para dormir

- Hablar en público de lo ocurrido antes de tomar el tiempo para la recuperación personal

Mientras las personas esperan su turno para hablar con un facilitador, tenga disponibles, dentro de las posibilidades, bebidas y algo para comer. Minimice las distracciones: silencie los celulares, haga que alguien cuide de los niños, entre otras cosas.

4. Escuche a las personas una por una

Organice un lugar para que los facilitadores se puedan reunir individualmente con las personas. Casi siempre, una sesión es ayuda suficiente, pero algunas personas necesitan más ayuda.

Ayude a la persona a sentirse tranquila y en confianza (véase lección 2, sesión 4). Use las tres preguntas:

1. ¿Qué sucedió?
2. ¿Cómo se sintió?
3. ¿Qué fue lo más difícil para usted?

Utilice estas preguntas adicionales cuando sean necesarias para que las personas se den cuenta que algunos elementos positivos también han sido parte de la experiencia:

- ¿Quién le ayudó?
- ¿Pudo usted ayudar a alguien?
- ¿Qué le ayudo a salir adelante?
- ¿Sintió a Dios en esa situación? Explique.

Si la persona no puede hablar de su experiencia, pídale que dibuje algo y dialoguen sobre el dibujo. Si están compartiendo con más de una persona al mismo tiempo, pídales que comparta su historia, pero sin quedarse en los elementos más difíciles, ya que estos pueden traumatizar a otros.

5. Cuidado continuo

Después de las sesiones individuales, organice a alguien para que escuche a los facilitadores de manera que ellos puedan también expresar cómo los ha afectado lo que han oído. Esto puede hacerse individualmente o en pequeños grupos.

Las personas deben estar en una situación de calma antes de partir, y para este fin haga un ejercicio de relajación, ya sea con cada persona o con todo el grupo: El ejercicio del árbol (Lección 7), el ejercicio del contenedor (Lección 7) o el ejercicio de respiración (Lección 2). Anime a que las personas escriban un lamento después de la sesión o dibujen sobre su experiencia. Termine con una oración.

Manténgase en contacto con las personas que han hecho parte de la actividad e invítelas a que se unan a un grupo de «Sanar las heridas del corazón» para que puedan reflexionar más a fondo sobre su experiencia.

ACTIVIDAD DE CLAUSURA

1. Haga un juego de rol sobre «la escucha» después de un desastre. Dialogue sobre el ejercicio de escucha. Permita que todas las personas tengan la experiencia de escuchar a la otra persona, y esté seguro que las personas entienden que no deben sermonear o dar consejos.

2. Practique el ejercicio de respiración (Lección 2), el ejercicio del contenedor (Lección 7) o el ejercicio del árbol (Lección 7).

CEREMONIA DEL PERDÓN

Preparación: Seleccione una canción para la ceremonia. Los participantes necesitan: una hoja de papel, un lápiz, pañuelos de papel, una cruz, un lugar seguro para quemar los papeles, una vara para revolver el fuego, un recipiente con agua y fósforos.

Introducción

Empiece con una canción sobre la muerte de Jesús.

Lea en voz alta el siguiente texto, omitiendo las referencias bíblicas entre paréntesis.

Nos hemos tomado el tiempo para hablar sobre el dolor y el trauma; usted ha reconocido las heridas de su corazón, ha reconocido la amargura de su interior y se ha dado cuenta del perdón que debería conceder a aquellas personas que lo han herido. Tal vez ha llegado a la conclusión de que ha herido a otros y es el momento de pedirles perdón. En esta ceremonia del perdón tenemos la oportunidad de pedirle a Dios que nos perdone a nosotros y también que nos permita perdonar a los demás; traemos así, nuestro dolor y nuestro pecado a la cruz.

En la lección 9 hemos aprendido que perdonar a otros incluye traer el dolor de la ofensa a Cristo. Aún más, sabemos que Dios quiere que perdonemos las ofensas de los demás. Cada vez que oramos con la oración del Señor recordamos sus palabras: «*Perdona nuestros pecados, como también nosotros perdonamos a todos los que nos hacen mal.*» (Lucas 11:4). Y Jesús también nos dice: «*Si ustedes perdonan a otros el mal que les han hecho, Dios, su Padre que está en el cielo, los perdonará a ustedes. Pero si ustedes no perdonan a los demás, tampoco su Padre los perdonará a ustedes*» (Mateo 6:14–15).

El perdonar a los demás, nos permite recibir el perdón de Dios. El perdón también demuestra que hemos comprendido el valor del sacrificio que Cristo hizo en la cruz por nuestros pecados. No seamos como el sirviente a quien se le ha perdonado una deuda inmensa, pero que se niega a perdonar una deuda pequeña.

Sabemos que Dios nos escucha y responde cuando hay arrepentimiento. El apóstol Juan dice: «*Pero si reconocemos ante Dios que hemos pecado, podemos estar seguros de que él, que es justo, nos perdonará y nos limpiará de toda maldad*» (1 Juan 1:9). Jesús sabe todo el daño que hace el pecado en nuestra vida y en la de los demás. Él ha asumido ese pecado cuando sufrió y murió en la cruz. En la carta a los Hebreos leemos que «*Cristo se ha ofrecido una sola vez para que muchos seamos perdonados de nuestros pecados*» (Hebreos 9:28a), y que «*Dios nos eligió porque Jesucristo obedeció sus órdenes al morir en la cruz, y ofreció su cuerpo como sacrificio una sola vez y para siempre*» (Hebreos 10:10).

Nuestras vidas deben reflejar ahora el perdón que Jesús nos ofrece a través de su muerte. Escuchemos las palabras del apóstol Pablo:

Si alguien los trata mal, no le paguen con la misma moneda. Al contrario, busquen siempre hacer el bien a todos. Hagan todo lo posible por vivir en paz con todo el mundo. Queridos hermanos, no busquen la venganza, sino dejen que Dios se encargue de castigar a los malvados. Pues en la Biblia Dios dice: «A mí me toca vengarme. Yo le daré a cada cual su merecido». Y también dice: «Si tu enemigo tiene hambre, dale de comer; si tiene sed, dale de beber. Así harás que le arda la cara de vergüenza». No se dejen vencer por el mal. Al contrario, triunfen sobre el mal haciendo el bien. (Romanos 12:17–21).

En la primera parte de la ceremonia del perdón, vamos a pasar unos minutos a solas con Dios. Después tendremos la oportunidad de compartir y orar en grupos de dos o tres. Por último, traeremos nuestro pecado, dolor y amargura a la cruz de Cristo.

Tiempo de reflexión (15–20 minutos)

Lea en voz alta: Tome tiempo para pensar y orar sobre el sufrimiento que hay en su corazón. ¿Hay alguien al que usted necesita perdonar? ¿Ha herido alguna vez a alguien y necesita pedirle perdón? En el papel, ponga por escrito cualquier dolor que quiera traer delante de Dios, o alguna ofensa que haya causado y quiera confesar a Dios. O tal vez, otro dolor que lleva en su interior. Escríbalo también en el papel. Encuentre ahora un lugar tranquilo en el que pueda escuchar a Dios.

Compartir en pequeños grupos (15–20 minutos)

Divida a los participantes en grupos de dos o tres personas. Compartan en cada grupo brevemente —tanto o tan poco como quieran. No necesitan compartir nombres o situaciones. Oren los unos por los otros.

Traer nuestra amargura, pecado y dolor a la cruz (10 minutos)

Reúna de nuevo a todos los participantes. Canten juntos una canción de confianza o de entrega personal a Dios.

Lea en voz alta: Hermanos y hermanas, Cristo sufrió y murió por nuestros pecados para liberarnos de todo sufrimiento y pecado, y para sanarnos.

El profeta Isaías escribió (Isaías 53:4–6):

A pesar de todo esto,
él cargó con nuestras enfermedades
y soportó nuestros dolores.
Nosotros pensamos
que Dios lo había herido y humillado.
Pero él fue herido
por nuestras rebeliones,
fue golpeado por nuestras maldades;
él sufrió en nuestro lugar,
y gracias a sus heridas
recibimos la paz y fuimos sanados.
Todos andábamos perdidos,
como suelen andar las ovejas.
Cada uno hacía lo que bien le parecía;
pero Dios hizo recaer en su fiel servidor
el castigo que nosotros merecíamos.

Ahora estamos listos para traer nuestros papelitos a la cruz: Como un signo de que estamos dejando atrás nuestra amargura, que estamos perdonando a aquellos que nos han ofendido, que estamos arrepentidos de haber ofendido a otros con nuestros pecados, que estamos entregando nuestro dolor a Dios y que pedimos que él aleje ese dolor de nosotros.

Cuando estén listos traigan su dolor a la cruz y digan: «Le entrego mi sufrimiento, amargura y dolor a Jesús que murió en la cruz por mí».

Cuando todos los papeles estén a los pies de la cruz, lea la siguiente oración.

Padre todopoderoso y misericordioso:
Hemos errado y nos hemos descarriado de tus caminos como ovejas perdidas,
hemos seguido demasiado las artimañas y deseos de nuestro propio corazón,
te hemos ofendido y hemos quebrantado tus leyes santas,
no hemos hecho las cosas que sabíamos que debíamos hacer,
y hemos hecho las cosas que sabíamos que no debíamos hacer.
Pero tú, oh Señor, ten misericordia de nosotros,
perdona a los que confiesan sus faltas,
restaura a los que se han arrepentido,
conforme a tus promesas declaradas a la humanidad
en Cristo Jesús nuestro Señor;
y concédenos, oh, Padre misericordioso, por amor de Cristo,
que nosotros podamos de aquí en adelante llevar
una vida santa, justa y sobria,
para la gloria de su santo nombre. Amén.

Ahora lleve todos los papeles al lugar preparado de antemano y quémelos.

Lea en voz alta: Quemamos los papeles como símbolo de que el sufrimiento, la amargura y el pecado ahora se convierten en cenizas.

La Biblia nos dice: «*Apartó de nosotros los pecados que cometimos del mismo modo que apartó los extremos de la tierra*» (Salmo 103:12).

Dios nos ofrece una corona de gloria y nos llama hacia un mundo nuevo. Como lo dijo el profeta Isaías:

«El espíritu de Dios está sobre mí,
porque Dios me eligió y me envió
para dar buenas noticias a los pobres,
para consolar a los afligidos,
y para anunciarles a los prisioneros
que pronto van a quedar en libertad.
Dios también me envió para anunciar:
"Este es el tiempo que Dios eligió

para darnos salvación,
y para vengarse de nuestros enemigos".
Dios también me envió
para consolar a los tristes,
para cambiar su derrota en victoria,
y su tristeza en un canto de alabanza.
Entonces los llamarán:
"Robles victoriosos,
plantados por Dios
para manifestar su poder".
Ustedes, habitantes de Jerusalén,
reconstruirán las ciudades antiguas
que quedaron en ruinas». *(Isaías 61:1–4)*

Alabanzas y conclusión

Canten una alabanza.

Con todo el grupo propicie la oportunidad para que las personas compartan lo bueno que Dios ha hecho en sus vidas; para que los que necesiten darse o pedirse perdón lo hagan, y anímelos a aprovechar este tiempo.

Terminen con la oración del Señor.

Actividad alternativa para conflictos entre grupos

Si usted está trabajando con una comunidad cuyo mayor problema es el conflicto de grupos, separe los grupos que están en conflicto para un tiempo de reflexión. Pídales que reflexionen sobre los pecados que el grupo ha cometido en contra del otro grupo y que identifiquen cualquier amargura que ellos estén dispuestos a entregarle a Cristo por el bien del grupo. Después, durante el tiempo de compartir y de oración, reúnanse con todo el grupo y que un representante de cada grupo confiese los pecados y las amarguras de su grupo. Haga que los grupos oren el uno por el otro. Después de esto, los papeles pueden ser traídos al pie de la cruz para ser quemados y luego la ceremonia sigue según el esquema anterior. Enfatice el reto del nuevo llamado según las palabras de Isaías 61:4.

RECONOCIMIENTOS

Agradecemos a todos aquellos que han contribuido para la realización de este libro. En primer lugar, reconocemos a los cristianos en África, cuyo sufrimiento nos obligó a mirar las Escrituras con nuevos ojos y a comprometernos más.

Reconocemos el trabajo fecundo de Rhiannon Lloyd y Kristine Bresser en *Healing the Wounds of Ethnic Conflict: the Role of the Church in Healing, Forgiveness and Reconciliation* (Mercy Ministries International, Ginebra, Suiza), que surgió tras el genocidio de Ruanda en 1994.

Este libro ha evolucionado gracias a los muchos líderes religiosos del mundo que han utilizado estos materiales con su gente y han proporcionado información y comentarios sobre cómo comunicarse eficazmente con aquellos que sufren traumas. Les agradecemos por su pasión y compañía.

Agradecemos a los traductores bíblicos de Wycliffe y de SIL, que nos animaron a responder a las dificultades del trauma del pueblo que aprendimos a amar, y que apoyaron nuestros esfuerzos para hacerlo.

Agradecemos a los muchos voluntarios que han enseñado o traducido estos materiales para que personas y comunidades destrozadas por traumas puedan ser restauradas y sanadas. En especial a Pam Daams por elaborar la ceremonia del perdón.

Agradecemos a tantos profesionales en salud mental que han contribuido con su experiencia a la preparación de estos materiales. En especial, a la mesa consultiva del Instituto *Trauma Healing*, y en particular a Diane Langberg and Phil Monroe. También a quienes han hecho aportes significativos: Dana Ergenbright, Carol King, Margi McCombs y Carine Toussaint.

Agradecemos a los muchos benefactores que han posibilitado este ministerio, de manera especial a la Sra. Swannie te Velde, que financió la primera publicación del libro en el año 2004.

Sobre todo, elevamos nuestros agradecimientos y alabanzas a Jesucristo, quien llevó todo el sufrimiento del mundo sobre sí mismo en la cruz, y por cuyas heridas somos sanados (1 Pedro 2:24).

ACERCA DE LOS AUTORES

Los cuatro autores de este libro han capacitado a facilitadores de «Sanar las heridas del corazón», utilizando estos materiales, desde el año 2002. Harriet Hill recibió su doctorado en Estudios Interculturales del Seminario Fuller y sirve como directora del Instituto *Trauma Healing* de *American Bible Society*. Richard Baggé psiquiatra del SIL, estudió en el Colegio de Medicina Jefferson (Filadelfia) y la Facultad de Medicina de la Universidad de Duke (Carolina del Norte). Margaret Hill recibió su maestría en Educación de la Universidad de Manchester (Reino Unido) y sirve en SIL como coordinadora de traducción e interacción de las Escrituras. Pat Miersma es consultora de SIL y recibió su M.N. en Enfermería de salud mental/Especialista en clínica étnica de la Universidad de California, en Los Ángeles.

CPSIA information can be obtained
at www.ICGtesting.com
Printed in the USA
BVHW041721130621
609406BV00006B/94